FASSADENGEFLÜSTER

FASSADEN GEFLÜSTER

BERLINER BAUTEN DER WEIMARER REPUBLIK

TEXT UND FOTOS
ARNE KRASTING

AMMIAN VERLAG

Plakat von
Karl Charal, 1928

Joseph Hoppe

Zeitreisen in die Berliner Moderne. Unterwegs mit Arne Krasting

Das Team der Berliner Firma Zeitreisen um Arne Krasting leistet ingeniöse Vermittlungsarbeit für den seit Jahren boomenden Berlin-Tourismus. Auf dem neuen Gebiet der medial unterstützten touristischen Führungen hat Zeitreisen eine Synthese aus Medialität, Logistik, Entertainment und sogenannten Crossover-Formaten gefunden und sich damit eine Sonderstellung in Berlin geschaffen. Das Zusammenwirken mit den Machern der extrem erfolgreichen Fernsehserie ‚Babylon Berlin' verstärkt diesen synästhetischen und multimodalen Ansatz der Erzählung von Stadt und Stadtgeschichte noch einmal. Hierbei verbinden sich kollektives mediales Ereignis, animierte Gruppe und talentierte Stadtführer zu einem singulären Erfolgsrezept.

Umso härter trifft es die Verantwortlichen, wenn eine plötzliche Pandemie, per se sinnlos, eine solche Erfolgskurve bricht und auf null zurückführt. Eine Erfahrung, die auch deprimieren oder lähmen könnte. Ganz anders in unserem Fall: Arne Krasting hat sich noch einmal den Schauplätzen seiner Touren genähert, hat tiefer recherchiert und viele weitere Orte einer Zeitschicht von Berlin gefunden und erkundet, die landläufig gern als die „Wilden Zwanziger", die „Goldenen Zwanziger" oder etwas dezenter als „Berliner Moderne" bezeichnet wird.

Damit hat er eine Zeitschicht ins Visier genommen, die als eigentliche Geburtsphase der Metropole Berlin betrachtet werden muss. Im Jahr des 100. Jubiläums der Großstadt Berlin reagieren viele Menschen immer noch überrascht, wenn sich ihnen offenbart, wie jung doch das heutige Berlin ist im Vergleich mit anderen Metropolen in Europa. Die politisch aufgeladenen, teils pompösen Feierlichkeiten zum 750. Geburtstag von Berlin im Jahre 1987 haben aufgrund der damaligen Ost-West-Konkurrenz im Stadtgedächtnis deutliche Spuren hinterlassen. Im Selbstverständnis des heutigen Berlins müsste das „Gesetz über die Bildung einer neuen Stadtgemeinde Berlin" vom 27. April 1920, kurz Groß-Berlin-Gesetz, einen ungleich größeren Stellenwert haben. Es ging zurück auf die Initiative zahlreicher Akteure der Stadtgesellschaft – Architekten, Stadtplaner, Immobilienverbände, Gewerkschaften, Unternehmer, also eine sehr plurale Koalition – und konnte nur unter den Ausnahmebedingungen der unmittelbaren Nachkriegszeit von der Verfassungsgebenden Preußischen Landesversammlung verabschiedet werden. Erst durch dieses Gesetz entstand der neue kommunale und infrastrukturelle Großraum von Berlin, wie wir ihn heute kennen. Bis dahin war Berlin ein Flickenteppich aus kleinen und mittleren Gemeinden und einer Vielzahl von teils überschaubaren, teils riesigen industriellen Agglomerationen und Siedlungen – ein Alptraum für jede moderne stadtplanerische Bestrebung, für Verkehrsplanung und Gesetzgebung.

Es waren bezeichnenderweise die linken und liberalen Parteien in der Landesversammlung, die diese bahnbrechende Entscheidung mit knapper Mehrheit trafen; die konservativen Kräfte hingen an den zum Teil sehr alten kommunalen Verfassungen und fürchteten die Überformung eines immer noch sehr von den Hohenzollern und der Kaiserzeit geprägten Berlin durch den Geist der neuen Zeit. Helmuth Plessner hat für Deutschland aufgrund der so späten Einigung der auseinanderstrebenden Feudalherrschaften den Begriff der „verspäteten Nation" geprägt; für Berlin ist es mehr als richtig, von einer verspäteten Metropole zu sprechen.

Die relativ kurze Periode des industriellen und wissenschaftlichen Aufbruchs im heutigen Berliner Großraum vor und nach den Gründerjahren des späten 19. Jahrhunderts war von einer mehrfachen Janusköpfigkeit geprägt. In weiten Teilen vollzog sich diese Wandlung von agrarisch oder bestenfalls manufakturell orientierten Siedlungen gar nicht in Berlin, sondern im brandenburgischen Umland. Später eingemeindete Städte wie Spandau oder Charlottenburg wurden viel intensiver von der neuen Dynamik der technischen Innovationen und der wirtschaftlichen Konjunktur geprägt als das alte Kern-Berlin. Es war viel stärker die Peripherie von Berlin, die als Ort von Modernisierungen und Verdichtungen anzusehen ist. Berlin hatte natürlich bis 1918 aufgrund seiner neugewonnenen Rolle als Reichshauptstadt und Sitz neuer Ministerien, als Dopplung von preußischem und deutschem Zentrum, eine enorme nationale und internationale Strahlkraft. Die Bedeutung ruhte aber vollkommen auf dem Zusammenspiel von Hof, Regierung und Medien. Die modernen gesellschaftlichen Triebkräfte waren viel eher in den noch brandenburgischen Städten und der Region Schöneweide oder Tegel zu besichtigen. Eine weitere Auffälligkeit der Periode bis 1920 war, dass sehr oft eine Art Camouflage der Moderne zu beobachten ist. Die großen Fabriken und Gewerbehöfe, die zahlreichen Villen der neuen Reichen, die wissenschaftlichen Institute in Charlottenburg oder Potsdam bedienten fast immer einen Stil, der den Vorlieben der Hohenzollern entsprach – repräsentativ in allen Details, entweder klassizistisch oder an italienischen und englischen Vorbildern orientiert. Wie die zahlreichen Schlösser der Hohenzollern rund um Berlin und Potsdam die großen Vorbilder der europäischen Architektur kopierten oder zitierten, so galt dies auch für die Fabriken und die Villen von Siemens, Borsig und anderen neuen Magnaten, die wiederum den Manierismus der alten Preußen kopierten. Und dies, obwohl in den wissenschaftlichen Einrichtungen, den Forschungsinstituten der Hochschulen, den Labors der Unternehmen und der kleinen Betriebe eine Fülle von technischen Neuerungen geschaffen wurde, die die Grundlage für Firmen und Marken von Weltgeltung darstellten. Als Beispiele seien hier nur Siemens, Telefunken oder Schering genannt, alle im Bereich der neuen Schlüsselbranchen der Elektrotechnik und der Chemie/Pharmazie tätig, die jenseits des klassischen Maschinenbaus für viele Jahrzehnte der Region Umsätze und Arbeitsplätze sicherten.[1]

[1] Siehe zu vielen Aspekten dieser Entwicklung: Joseph Hoppe, Heike Oevermann (Hrsg.): ‚Metropole Berlin. Die Wiederentdeckung der Industriekultur', Berlin 2019.

Karl Scheffler, der so genaue wie unnachsichtige Beobachter des neuen Berlin, hat diese besondere Ambivalenz der noch im Prototypischen sich bewegenden neuen Metropole auf den Punkt gebracht: „Was nun aber für Berlin außerordentlich bezeichnend ist und einen tiefen Blick in die Psyche dieses Stadtindividuums zu tun gestattet, das ist die Tatsache, daß die junge Reichshauptstadt sich mit wahrer Gier und mit Leidenschaft zum Anwalt der neuen Lebensidee gemacht hat, zur Vorkämpferin der neuen Industriekultur, daß es sich zuerst in Deutschland und am rücksichtslosesten in ganz Europa amerikanisiert hat. Dieses letzte Wort ist von der Zeit gebildet worden, weil man Beispielen, daß der moderne wirtschaftliche Großstadtgedanke allein und unumschränkt herrscht, vor allem in Amerika, im Lande neuer Stadtgründungen begegnet. [...] Berlin konnte und mußte sich amerikanisieren, weil es an der Entfaltung des wirtschaftlichen Materialismus durch tief wurzelnde Traditionen nicht verhindert wurde, weil es auf dem östlichen märkischen Boden seit Jahrhunderten eine Pionierstadt war, ähnlich den Städten der neuen Welt“.[2] Die Formulierungen schwanken – typisch für Scheffler und viele seiner Zeitgenossen – zwischen Faszination und Abwehr. Die amerikanisierte Moderne erschien so unvermeidlich und überwältigend wie fatal. Außer Zweifel blieb aber die unangefochtene Vorreiterrolle von Berlin in einer umwälzenden globalen Entwicklung. Zugleich ist dies übrigens die Textstelle im deutschen Sprachraum, in der 1910 zum ersten Mal der neue Begriff „Industriekultur“ gebraucht wird. Eine für die damalige Zeit skandalöse Wortschöpfung, denn Industrie und Kultur wurden seinerzeit als natürliche Antipoden betrachtet und nicht als soziale Felder der gegenseitigen Bereicherung oder gar Synergie.

Auch in vielen anderen Zitaten aus jener Zeit lässt sich diese eindeutige Identifikation Berlins mit einer von außerordentlicher und vorbildhafter industrieller Dynamik geprägten Stadt belegen. Ein ähnlich scharf beobachtender Zeitzeuge wie Scheffler war der Österreicher Egon Friedell, der nur zwei Jahre später schrieb: „Berlin verdient gerade darum die höchste Bewunderung, weil es seine Aufgabe als deutsche Reichshauptstadt so richtig erfaßt hat: die Aufgabe, ein Zentrum der modernen Zivilisation zu sein. Berlin ist eine wundervolle moderne Maschinenhalle, ein riesiger Elektromotor, der mit unglaublicher Präzision, Schnelligkeit und Energie eine Fülle von komplizierten mechanischen Arbeitsleistungen vollbringt. [...] Berlin ist in den Flegeljahren einer kommenden Kultur, die wir noch nicht kennen, und die sich erst herausarbeiten muß.“[3] Friedell sprach 1912 nur von einer kommenden Kultur, die aber ohne weiteres als Industriekultur verstanden werden kann im Sinne einer Umwälzung der allgemeinen Lebensverhältnisse, einer neuen Zeitökonomie, der Taktungen und der Geschwindigkeiten sowie der Präsenz der industriellen Akteure im Stadtbild.

Bis zum Ende des Ersten Weltkrieges waren solche Beschreibungen eher Zuschreibungen als Teil eines allgemein akzeptierten Selbstverständnisses der Region – wie auch, noch waren die Teile nicht zusammengefügt, noch gab es die neue Metropole erst in Umrissen. Doch mit dem

[2] Karl Scheffler: ‚Berlin – ein Stadtschicksal', hrsg. von Florian Illies, Berlin 2015, S. 124 f. Siehe auch Thorsten Dame: Berlin. Industrie, Metropole und Labor, in: Hans-Joachim Braun (Hrsg.): ‚Industrielandschaften im Wandel', Freiberg 2015, S. 57 ff. Ähnlich dicht und anregend der Beitrag von Lothar Müller: Modernität, Nervosität und Sachlichkeit. Das Berlin der Jahrhundertwende als Hauptstadt der „neuen Zeit“, in: ‚Mythos Berlin. Zur Wahrnehmungsgeschichte einer industriellen Metropole', Katalog zur Ausstellung, Berlin 1987, S. 79 ff..

[3] Egon Friedell: ‚Ecce Poeta', Berlin 1912, S. 259 ff.

Inkrafttreten des Groß-Berlin-Gesetzes am 1. Oktober 1920 gab es auf einmal einen kommunalen, wirtschaftlichen, logistischen und industriellen Großraum von 878 Quadratkilometern Fläche und mit einer Einwohnerzahl, die den heutigen 3,8 Millionen nahekam.

Mit dem Ende der wirtschaftlichen und politischen Krisen der Nachkriegszeit, welche die endgültige Abnabelung der Stadt von ihren Hohenzollern-Erbschaften und den imperialen Traditionen schmerzlich und langwierig vorantrieben, wurde in der zweiten Hälfte der zwanziger Jahre der Weg frei für eine neue Formulierung von Identität und Gestalt der eben geschaffenen Metropole.

Die Rationalität der neuen Industrien und Wissenschaften, die Kreativität der neuen Medien und Künste, die Internationalität in Bildung und Verkehr machten sich in neuen Ordnungen und Anordnungen des sozialen und öffentlichen Raumes und seiner Bauten bemerkbar. Überall in Berlin waren die Objekte dieser Zeitschicht aufzufinden, sie reichten von Kirchen und Sportstätten über Theater und Kinos, die Tempel der neuen Medien Rundfunk und Grammophon bis hin zu Bauten der raffinierten Infrastruktur wie den Elektrobauten von Hans Heinrich Müller oder den Verkehrsbauten von Alfred Grenander.

Arne Krasting ist genau dort gewesen und hat versucht, aus der Geschichte der Objekte und ihrer Nutzungen ein Zeitschichten-Porträt wie aus Puzzleteilen zu erstellen. Es wird verständlich, warum sich gerade in jenen Jahren Selbstverständnis und Image von Berlin so radikal wandelten.

Peter Behrens war der erste Formgeber, der einem Unternehmen – der AEG und deren Bauten, Produkten und Kommunikationsmitteln – einen einheitlichen Stil erarbeitete, anfangs noch sehr vom Jugendstil geprägt, dann eine eigene formrationale Sprache findend, die bis heute weltweit einen ikonischen Status hat. Damit war Behrens Impulsgeber für ganze Generationen von Architekten, Schriftgestaltern, Werbern und Produktdesignern. Das Haus des Rundfunks an der Masurenallee, gestaltet von Hans Poelzig, einem weiteren der modernen Großarchitekten jener Zeit, kann als herausragendes Beispiel eines neuen Baudenkens gelten, in dem nicht von der Fassade, sondern von den inneren Funktionalitäten eines hochtechnischen Betriebes her die Struktur von Wegen und Räumen gestaltet wurde – endend in einer technoiden Fassade, die auf den ersten Blick deutlich macht, dass an diesem Ort in einem damals supermodernen Medium, dem Rundfunk, gearbeitet wird. In der ebenfalls maßstabsetzenden Siemensstadt kann eine neue Synthese von Fabriken, Verwaltung und Wohnen beobachtet werden, die in den späten zwanziger Jahren entstand, entworfen von den damals noch neuen, späten großen Namen der modernen Architektur wie Hans Hertlein, Walter Gropius oder Hans Scharoun, die wiederum von weitblickenden und mutigen Menschen im Magistrat und in den Unternehmen ihre Aufträge und viel Unterstützung bekamen.

Es gab wohl keine Periode der neuen Stadt, in der die Produktivkräfte, das kreative Potenzial und der Gemeinsinn der Menschen so sehr in eine Richtung drängten. Berlin war stolz auf alle Zeichen des Fortschritts und der Modernität. Hektik, Tempo, Beschleunigung galten nicht unbedingt als Bedrohung, sondern als Ingredienzen einer neuen Lebensführung und Arbeitskultur, der schon von Scheffler beschworenen Amerikanisierung und der Internationalisierung.

Die Tourismuswerbung der späten Zwanziger arbeitete nicht nur mit den klassischen „Icons" wie dem Brandenburger Tor, sondern auch mit Kraftwerken oder dem Funkturm, der dem Fernsehturm als mutige Vertikale im Westen voranging und viel prägnanter als jener ein Bauwerk der Ingenieure und der Funktionalität war. Die Werbekampagne „Jeder einmal in Berlin" lud in die „Weltstadt in Ordnung und Schönheit" ein und bezog sich dabei auch ganz bewusst neben den klassischen Attraktionen auf die Bauwerke der Moderne, vor allem der Industriekultur.

Selbst in den Film fand das neue Lebensgefühl Eingang; Walter Ruttmann veröffentlichte 1927 das formal und inhaltlich bahnbrechende Werk ‚Berlin – Die Symphonie der Großstadt', das vielleicht als bedeutendstes synästhetisches Zeugnis der Industriekultur dieser Jahre gelten kann. Der Film nahm die neue Rhythmik des Stadtlebens in Schnitt und Musik auf, er stellte das Alltagsleben neben Bilder aus der Produktion, er verzichtete auf Protagonisten und Kommentare, er ließ die neue Stadt als Organismus selbst sprechen. Arbeiten, Bewegungen, Innehalten, Begegnungen, Interaktionen von Menschen und Maschinen standen für diesen neuartigen Organismus.

Tempo, Maschinentakt, Choreographie der Menschenmassen, Aufhebung der überkommenen Zeitrhythmen, Internationalität – all das gehörte zum neuen Image der selbstbewussten Industriemetropole Berlin. Die Geschichten von Arne Krasting berichten in vielen Beispielen von jener Zeit, in diesem Buch sind sie nachzulesen – und hoffentlich bald auch wieder zu hören und medial kongenial zu erfahren bei Berliner Zeitreisen.

Einleitung

Ein Traum in Weiß – auf einer Anhöhe oberhalb des Stößensees, in schönem Kontrast zu den grünen Kiefern. Es ist eine Premiumwohnlage, sieht man von der dicht befahrenen Heerstraße ab: das Landhaus am Rupenhorn, die repräsentative Villa einer neuen Zeit und eines neuen Stils. Die futuristisch wirkende, geschwungene Terrasse, die klaren Kanten, die großen Fenster machen das Gebäude zu einer Ikone der Bauwerke im Stil der Neuen Sachlichkeit. Jeden Freitag ist hier Besuchszeit. Eigentlich. Aber jetzt ist es Anfang April 2020 und seit zwei Wochen sind alle Kultureinrichtungen geschlossen. Shutdown auch in Berlin. Erstaunlicherweise nimmt aber jemand das Telefon ab, als ich anrufe. Ja, wenn ich alleine käme, dann könnte ich mir das Gebäude anschauen. So erhalte ich Einlass, und mit Überziehern aus Plastikfolie über den Straßenschuhen komme ich in den Genuss einer Exklusivführung. Die Besitzerin des Hauses führt mich persönlich durch die liebevoll sanierten und anspruchsvoll rekonstruierten Wohnräume – eine Zeitreise in die späte Weimarer Republik.

Das war einer der schönsten Momente während meiner Exkursionen durch Berlin in den Zeiten der Corona-Pandemie. Bereichernd auch die Begegnung mit einem Mann in der wie ausgestorben wirkenden Waldsiedlung in Zehlendorf, der mich ansprach, ob ich nicht einmal eine Bruno-Taut-Wohnung von innen sehen wolle. Oder der Portier im Haus des Rundfunks, der meine sehnsüchtigen Blicke ins Innere des Gebäudes richtig interpretierte: „Woll'n Se mal rinkiek'n?" Und prompt stand ich alleine in dem vielleicht faszinierendsten Lichthof Berlins. Oder die Fahrt auf die Aussichtsplattform des für Besucher geschlossenen Funkturms, inklusive Besichtigung des leeren Restaurants mit seiner wertvollen, original erhaltenen Holzausstattung.

All das ereignete sich in einer Zeit, in der ich meinen eigentlichen Beruf nicht ausüben konnte: Als einer der Gründer der Agentur Zeitreisen organisiere ich historische Stadttouren und Veranstaltungen in Berlin. Die 1920er Jahre sind dabei ein wichtiger Schwerpunkt unserer Themenveranstaltungen – und eines meiner persönlichen Lieblingsthemen! Auch privat bin ich häufiger Gast auf Veranstaltungen, welche die – nicht immer goldenen – Zwanziger Jahre zum Thema haben. Die großstädtische und kulturelle Avantgarde, das Aufbrechen in die Moderne in so vielen Lebensbereichen, aber auch die sozialpolitischen Maßnahmen der damaligen Zeit überraschen mich immer wieder. Ein Filmtitel von Wim Wenders, ‚In weiter Ferne, so nah!', beschreibt sehr gut meine Faszination für diese Zeit.
Für das Jahr 2020 hatten wir uns besonders viel vorgenommen: 2020, das ist der Start in die „Neuen Zwanziger". In Berlin stand zudem ein bedeutendes Jubiläum an: Vor genau einhundert Jahren, am 1. Oktober 1920, war Groß-Berlin gegründet worden – durch die Erweiterung der Stadtgemeinde Berlin um verschiedene angrenzende Städte und Gemeinden entstand die damals flächenmäßig zweitgrößte Stadt der Welt. Nicht nur die Berliner Bezirke wollten dieses Jubiläum für zahlreiche Ausstellungen nutzen. Auch wir hatten Sonderveranstaltungen geplant, wollten mit unseren Gästen auf Spurensuche gehen bei Stadtrundgängen und -fahrten. Außerdem erwarteten wir voller Vorfreude den Start der dritten Staffel der ARD-Erfolgsserie ‚Babylon Berlin'. Seit Oktober 2018 dürfen wir, die Agentur Zeitreisen, als Partner der Serie Touren zu den Drehorten durchführen. In der neuen Staffel durfte ich sogar selbst mitspielen. All dies war Anlass genug für uns, einige Sondertouren zu planen.

Arne Krasting

Zunächst hieß es aber: keine Touren, keine Veranstaltungen, keine Teilnehmer. Der erste Gedanke war: Wenn die Gäste nicht zu uns kommen können, bringe ich die Inhalte zu den Gästen. Nach den ersten Absagen und noch vor dem Shutdown startete ich daher ein Social-Media-Projekt. Die 75 faszinierendsten Gebäude der 1920er Jahre in Berlin wollte ich mit Fotos, Videos und Texten präsentieren – eine ganz persönliche Best-of-Auswahl, meine Highlights.

Mein Fahrrad, täglicher Begleiter auf dem Weg zur Arbeit, stand diesmal vor neuen Herausforderungen. Es ging kreuz und quer auf mir bisher noch unbekannten Wegen durch eine Stadt, die sich so anders als sonst präsentierte. Nie sah ich Berlin unberührter, aber auch gespenstischer und zugleich schöner als im Frühjahr 2020. Mein Ziel waren vor allem Gebäude, deren Baugeschichte und deren kultur- und sozialgeschichtlicher Hintergrund mich faszinierten. Dazu gehörten auch eher unbekannte Schätze, die aufgrund ihrer Funktion oder ihrer Lage im Stadtraum bisher nur wenige Bewunderer auf sich gezogen hatten. Von diesen Gebäuden gibt es viele, weit verstreut über die Stadt. Ich habe sie bei meinen Recherchen für unsere Veranstaltungen kennengelernt. Über die Kanäle Instagram, Facebook und Youtube sowie über unseren eigenen Blog gelangten die Ergebnisse dann an die Öffentlichkeit. Täglich kamen neue Inhalte dazu. Schließlich folgte die Anregung von denen, die meine Beiträge gelesen hatten: Warum machst du nicht ein Buch daraus?

Ein Buch, gefüllt mit kleinen Geschichten und Anekdoten, wie meine Kollegen und ich sie seit vielen Jahren auch auf unseren Touren erzählen. Nicht die Sammlung von architektonischem Fachwissen und baulichen Details, also die Aufzählung von Daten und Fakten, steht im Vordergrund, sondern eine erzählerische Perspektive – gerichtet auf die Gebäude, ihre ehemaligen und heutigen Besitzer und Bewohner und damit natürlich auch auf Berlin und die faszinierende Zeit der Weimarer Republik. Gebäude, an denen mancher vielleicht achtlos vorbeifährt, sollen zum Sprechen gebraucht werden: ein Fassadengeflüster. Der Blick auf verborgene Details soll das Besondere der jeweiligen Architektur festhalten.

In den folgenden Wochen im Frühjahr 2020 bewegte ich mich mal als „rasender Fahrradreporter", mal als bewundernder Flaneur durch die Stadt, um die Architektur der damaligen Epoche in ihrer ganzen Vielfalt zu dokumentieren. Meine Erkundungen brachten immer wieder neue Kandidaten auf die Liste für die Auswahl des Buches: Eine Moschee, die 1928 erbaut worden war und für einen anderen Teil der diversen Stadtgesellschaft steht, erschien mir dann spannender als die zehnte Wohnsiedlung jener Tage, die ich besuchte. Manchem mag in der Auswahl vielleicht der eine Wohnblock oder die andere Kirche, diese oder jene Fassade fehlen. Doch mir ging es nicht um Vollständigkeit. Mir war es wichtig, die Vielzahl der Bauaufgaben und die Vielfalt der Stile deutlich zu machen. Natürlich dürfen ikonografische Gebäude wie das Shell-Haus oder das Haus des Rundfunks nicht fehlen. Aber ihnen stehen auch unbekannte oder auf den ersten Blick unscheinbare Orte gegenüber.

Im Laufe der Recherche entdeckte ich drei Bücher, die früher bereits eine ähnliche Zusammenstellung unternommen hatten: Der Band ‚Berliner Architektur 1919 bis 1929. 10 Jahre Architektur der Moderne' hält, nach Bautypen geordnet, fotografisch knapp hundert Gebäude fest, von denen allerdings zahlreiche nicht mehr stehen. „Nirgends aber lässt sich die symbolische Kraft der Architektur heute stärker spüren als in der baulichen Entwicklung der Reichshauptstadt", feierte der Kunsthistoriker Edwin Redslob die Architektur der Moderne in seinem Vorwort zum Buch. Zwei Jahre später, 1931, erschien der Titel ‚Neues Bauen in Berlin'. Der Herausgeber Heinz Johannes schrieb, dass das weitverbreitete Interesse an der Bautätigkeit in Berlin der Anlass sei, einen Führer in Buchform herauszugeben. Und dieser wurde als erster moderner Architekturführer überhaupt vorgestellt. In dem schmalen Werk finden sich 118 Neubauten mit sehr knappen, beschreibenden Texten. Eine weitere Auflistung erfolgte im Jahr 1977 durch eine Publikation des Westberliner Senators für Bau- und Wohnungswesen. ‚100 Bauten der Weimarer Republik' heißt der kleine Band, der sich allerdings komplett auf den Westteil der Stadt bezieht. Trotzdem heißt es darin: „Bei tausend Beispielen geriete man immer noch nicht in Verlegenheit." Mir sollen für die vorliegende Entdeckungsreise 75 Beispiele ausreichen, die durch meinen persönlichen Blick sowie die erzählerische Perspektive einen hoffentlich lebendigen Eindruck des architektonischen Schaffens der 1920er Jahre und ihrer Hintergründe geben.

Wohnbauten und Wohnsiedlungen sind dabei, wenig überraschend, am häufigsten vertreten. Der fehlende Wohnraum sowie die katastrophalen Lebensbedingungen in vielen Mietskasernen waren eines der größten Probleme der Weltmetropole nach dem Ersten Weltkrieg. Einen großen Garten mit Häusern statt eines Häusermeers forderte der damalige Oberbürgermeister Gustav Böß. Tatsächlich setzte die Stadt ein ehrgeiziges und richtungsweisendes Wohnungsbauprogramm auf. Gemeinnützige Wohnungsbaugesellschaften übernahmen die Aufgabe, Wohnraum zu schaffen. Die soziale Verträglichkeit spielte dabei eine zentrale Rolle – und das bedeutete: viel Sonne, Luft und Licht gegen die Enge und die Dunkelheit der Mietskasernen.

Berlin wurde während der Weimarer Republik auch die Hauptstadt, das Zentrum einer neuen Baukultur und setzte weltweit Maßstäbe im Städtebau. Seit 2008 zählen sechs der Berliner Wohnsiedlungen zum UNESCO-Weltkulturerbe. Aber die Vielfalt wird durch andere Gebäudetypen ausgedrückt: Kirchen, Kinos, Verwaltungsgebäude, Theater, Tankstellen, Fabriken, Umspannwerke, Bahnstationen, Kaufhäuser, ein Stadt- und ein Strandbad, ein Künstleratelier, ein Wasserturm, eine Moschee, ein Funkturm. Die baulichen Herausforderungen einer Gesellschaft im Wandel waren enorm.

Vor allem die Energiebetriebe hatten in den 1920er Jahren großen Bedarf an neuen Gebäuden, in denen der Strom für die Stadt erzeugt und verteilt werden sollte. Bereits in der Kaiserzeit zur „Elektropolis" geworden, befand sich die Metropole Berlin während der Weimarer Republik in der Blütezeit der Elektrifizierung: eine Stadt unter Strom. Und der Strom sorgte dafür, dass Berlin auch eine Stadt des Lichtes wurde. „Berlin ist modern, modern durch sein Licht, seinen Kampf gegen die Nacht", schrieb der Maler Fernand Léger, als er 1928 in Berlin seine Bilder ausstellte. „Bin jetzt acht Tage in Berlin: habe nichts von der Nacht bemerkt. Berlin ist ein einziger Lichtblock. Die entsetzliche wilhelminische Architektur verschwindet, aufgesaugt, maskiert, absorbiert von Elektrizität." Ob die Lichtkuben der beiden Gebäude von Peter Behrens auf dem Alexanderplatz, die großen Werbetafeln auf dem Dach des Europahauses oder die funkelnd-flimmernde Leuchtreklame der Vergnügungsetablissements rund um den Kurfürstendamm – Lichterkult überall, Berlin leuchtete permanent.

Kraftwerk Klingenberg

Keiner der damaligen Vergnügungstempel ist heute noch in Betrieb. Das in den letzten Jahren meisterwähnte Etablissement des lasterhaften Nachtlebens – das „Moka Efti" – ist eine Filmkulisse. Es wurde im Studio Babelsberg für die Serie ‚Babylon Berlin', die mich auf meinen Fahrten durch die Stadt begleitete, nachgebaut. Ein Kopfkino zum filmischen Eintauchen in die Zeit, in das zahlreiche reale Gebäude einfließen. Sieben davon haben Eingang in dieses Buch gefunden. Welche Schwierigkeiten es für ein anspruchsvolles Filmprojekt bedeutet, im heutigen Berlin ein historisches Thema umzusetzen, erzählte mir Uli Hanisch in einem Interview. Er verwandelt als Szenenbildner die Orte – ob in der Stadt oder im Studio – so, dass diese sich in die Zeit, in der der Film oder die Serie spielt, einfügen. Seine Kulissenstadt in Babelsberg wird es in den nächsten Jahren noch häufig auf die Liste der Drehorte kleiner und großer Produktionen schaffen; schon jetzt ist Hanisch einer der bedeutendsten deutschen Filmarchitekten der letzten Jahrzehnte.

Einige Architekten tauchen auf meiner Liste für dieses Buch doppelt oder dreifach auf. Die Architektengeneration, die sich schon in der Kaiserzeit einen Namen machte, ist mit Peter Behrens und Hans Poelzig vertreten. Behrens realisierte ab 1907 als künstlerischer Beirat fast alle wichtigen Gebäude und das Design der AEG. Poelzig formte die Königliche Kunst- und Gewerbeakademie in Breslau zu einer Avantgarde-Institution. Für andere Architekten wie Erich Mendelsohn oder Walter Gropius brachte erst die Weimarer Republik den Durchbruch. Die Brüder Max und Bruno Taut, verantwortlich für zahlreiche Wohnsiedlungen, Schulen und Verbandshäuser, zählten zu den produktivsten Architekten Berlins und werden mehrfach im Buch gewürdigt. Viele Unternehmen, ob private, städtische oder Reichsunternehmen, hatten ihre Stammarchitekten oder Chefplaner. Für die BVG war das Alfred Grenander, die Deutsche Reichsbahn arbeitete mit Richard Brademann zusammen, die BEWAG mit Hans Heinrich Müller, Karstadt mit Philipp Schaefer und Siemens mit Hans Hertlein.

Der Vielfalt der Bauaufgaben entsprach auch der Vielfalt der Baustile. Viele der Architekten wechselten während ihres Schaffens ihren Stil und passten ihn der Zeit oder den Wünschen der Bauherren an, zeigten sich gewissermaßen als Stil-Chamäleons. Peter Behrens' erste Entwürfe beispielsweise sind vom Jugendstil geprägt. Über bauliche Experimente im Stile des Expressionismus gelangte er schließlich zum Rationalismus der Bauhaus-Zeit, in Berlin zu sehen am Haus Lewin in Zehlendorf.

Noch ein Wort zum Bauhaus: Das Jubiläum der berühmten Schule hat im Jahr 2019 den Blick der Öffentlichkeit auf Gebäude von Bauhaus-Architekten gelenkt. Nüchtern, schnörkellos und reduziert bauen, mit kubischen Flachdachbauten, überwiegend weiß verputzt, klare Linien und Bandfenster, große Glasflächen: All das sind Charakteristika, die dem Bauhaus zugeschrieben werden. Allerdings gibt es weder einen einheitlichen Bauhaus-Stil, noch geht der Großteil der modernen Berlin-Architektur jener Zeit auf Protagonisten des Bauhauses zurück. Daher spreche ich hier überwiegend von Neuer Sachlichkeit oder vom Neuen Bauen. Bis 1933 war die Stadt ein Experimentierfeld für neue Ideen in Architektur und Städtebau. Die Radikalität der Moderne, die das Althergebrachte über den Haufen warf, fasziniert bis in unsere Tage und macht den Weltruhm der Berliner Architektur der Zwischenkriegszeit aus. Ein wesentlicher Aspekt der neuen Formen des Bauens wird allerdings auch auf meinen Fotos kaum sichtbar: der Einsatz neuer Werkstoffe und Materialien auf dem Weg zur Rationalisierung und Typisierung des Bauens.

Zur selben Zeit wie die Schlüsselgebäude der Neuen Sachlichkeit entstanden Gebäude, die sich stilistisch noch nicht ganz lösen konnten vom Historismus der Kaiserzeit oder in ihren Ausführungen schwankten zwischen verschiedenen Stilen. Der Jugendstil hat Berlin sicherlich nicht so sehr seinen Stempel aufgedrückt wie anderen Städten, aber „Art nouveau"-Elemente finden sich trotzdem an einigen Gebäuden. Zahlenmäßig weit häufiger vertreten sind dagegen Gebäude im Stil des Expressionismus oder im Heimatschutzstil. Vor allem der Backsteinexpressionismus mit seiner lebendigen und ornamentalen Formensprache ist sehr präsent in Berlin. Manchmal sind es auch nur kleine Stilelemente wie Fensterrahmen oder Zickzacklinien im Putz, die diesen Stil feiern. Auch Fritz Höger, der große Meister dieser Architekturrichtung aus Hamburg, kam nach Berlin und hinterließ beeindruckende Spuren. Der Heimatschutzstil bediente sich vor allem traditioneller Bauformen und inszenierte sich in bewusstem Gegensatz zum Neuen Bauen und zur Moderne. In Form von zwei Anlagen stehen sich diese Stile sogar direkt gegenüber: Der Gegensatz zwischen der eher konservativen Siedlung am Fischtalgrund und der modernen Waldsiedlung Zehlendorf führte einst sogar zu einer politischen Auseinandersetzung, dem Zehlendorfer Dächerkrieg.

Ein Großteil der ausgewählten Gebäude befindet sich im heutigen Stadtteil Mitte. Aber auch Charlottenburg ist reich an Zeugnissen der zwanziger Jahre. Die großen Siedlungen liegen, bis auf die Wohnstadt Carl Legien, allerdings eher am Stadtrand. Wie ausgedehnt das neu entstandene Groß-Berlin wirklich war, zeigen die „Ausreißer" in alle vier Himmelsrichtungen: die Wohnsiedlung in der Zeppelinstraße am westlichen Ende Spandaus, eine Schule von Max Taut in Köpenick, der Bahnhof Wannsee und das Buddhistische Haus in Frohnau. Die Anordnung der Gebäude im Buch folgt grob ihrer Lage im Stadtbild. Vom Stadtinneren an die Stadtränder vordringend, soll das Buch so auch ein Erkunden der Orte ermöglichen – mit öffentlichen Verkehrsmitteln, zu Fuß oder mit dem Fahrrad. Experte für Fahrradreisen und ein wertvoller Begleiter meines Vorhabens war Christian Tänzler, der sich als Sprecher von Visit Berlin in der Zeit der Entstehung dieses Buches pandemiebedingt eher als Krisenmanager denn als Verkünder neuer touristischer Rekorde bewähren musste. Nach Feierabend und am Wochenende fanden wir Zeit, gemeinsam die Fahrradtauglichkeit von drei Routen zu testen, die Christian Tänzler hier präsentiert.

Die bekannten touristischen Routen verlassen und auch einmal die Randbezirke kennenlernen: Das ist ein Ziel des Buches. Ich lade Sie ein, mit mir durch die faszinierende Welt der Bauten der 1920er Jahre zu flanieren. Den Lesern wünsche ich, dass sie selbst auf eine Zeitreise gehen – unterwegs in der Stadt oder von zu Hause aus. Die Auswahl an Gebäuden und die hier versammelten Geschichten sollen ihnen dabei zur Seite stehen.

Rathaus Wedding

Vorwort zur dritten Auflage

Vor zwei Jahren, Anfang 2020, begannen meine Recherchen für das „Fassadengeflüster". Damals legte die Pandemie den touristischen Alltag lahm. Auch heute sind wir noch weit von einer Normalität entfernt. Umso beglückender waren die seltenen Momente, in denen ich mit dem Buch und Gästen unterwegs durch Berlin war, um besondere Schätze der 1920er Jahre zu zeigen.
Einige Türen in besondere Gebäude haben sich seitdem geöffnet. Die Schaltwarte des ehemaligen Umspannwerks Humboldt im Prenzlauer Berg mit dem verglasten Dach und die im Original erhaltenen Schaltpaneele erzeugen eine Atmosphäre wie aus einem Science-Fiction-Film. Der Gebäudekomplex selbst erinnert eher an eine gotische Kirchen- oder Burganlage.
Mitten in Berlin und doch kaum bekannt ist der Sportpark Poststadion. Ende der 1920er Jahre wurde auf einem ehemaligen Militärgelände diese Mustersportanlage angelegt. Erhalten sind das Stadion, das vor dem Bau des Olympiastadions einer der wichtigsten Austragungsorte von Fußballspielen in Berlin war, sowie das Hallenbad, das heute als Turnhalle genutzt wird. Der große Innenraum mit dem charakteristischen Spitzbogen und dem starken Lichteinfall lässt eine sakrale Nutzung vermuten. In einer weiteren Auflage werde ich diese Anlage mit aufnehmen – als Ersatz für die Poelzig-Villa. Bedauerlicherweise haben bei dem einzigen Haus von Marlene Moeschke-Poelzig, der Ehefrau

des hier im Buch mehrfach gefeierten Architekten Hans Poelzig, alle Bemühungen nicht geholfen: Es ist endgültig abgerissen worden. Als wichtiges Zeugnis der Emanzipationsgeschichte und als Mahnung für einen bewussteren Umgang mit unserem architektonischen Erbe flüstern in dem Buch die Fassaden trotzdem weiter.

Spannende Entwicklungen erleben auch andere Gebäude: Die Wiedererrichtung des Karstadt-Kaufhauses am Hermannplatz – erhalten ist nur ein kleiner Teil der Fassade – ist auf einem guten Weg. Einen neuen Weg wird das „Haus Nürnberg" einschlagen: Das Hotel „Ellington" hat seine Pforten geschlossen, Zukunft ungewiss. Das gilt auch für das Haus am Rupenhorn, den „Traum in Weiß", durch den mich die Eigentümerin Christa Kliemke geführt hat. Sie ist vor kurzem verstorben und die Nutzung des Hauses ist noch nicht geklärt. Dramatisch war der Brand in der historischen Ladenzeile des U-Bahnhofs Onkel Toms Hütte. Viele Läden müssen neu aufgebaut werden. Und spannend sind die Diskussionen um zwei von Anwohnern gepflanzte Bäume in der Wohnsiedlung Carl Legien. Wird durch die Bäume der Weltkulturerbe-Status der Siedlung gefährdet?

Ein Gebäude würde ich aufgrund seines fantastischen, bunten Foyers gerne mit aufnehmen: das ehemalige Reichspostzentralamt in Tempelhof. Leider lässt mich der Nutzer, das Anti-Terror-Zentrum der Polizei, nicht hinein. Aber ein paar Überraschungen möchte ich mir ja auch bis zur nächsten Auflage aufsparen.

MITTE

Ein Weltstadtplatz für Berlin • der Alexanderplatz

„Was ist der Alexanderplatz in Berlin? Das ist die Stelle, wo seit zwei Jahren die gewaltsamsten Veränderungen vorgehen, Bagger und Rammen ununterbrochen in Tätigkeit sind, der Boden von ihren Stößen, von den Kolonnen der Autobusse und U-Bahnen zittert", konstatiert Walter Benjamin 1929. Es wird also gebaut am Alexanderplatz, endlich. Das chaotische Treiben, die Staus Richtung Zentralmarkthalle, das Gewusel in den kleinen, in den Platz mündenden Straßen und dann das Milieu ringsherum, geprägt von Kriminellen, Bettlern, Prostituierten – dieses ganze Gerümpel soll nach den Plänen von Stadtbaurat Martin Wagner verschwinden. Berlins Osten braucht einen Weltstadtplatz, so seine Forderung. Einen Platz, wie es ihn bisher in Europa noch nicht gegeben hat, mit magnetischer Wirkung. Vor allem aber einen Platz, der die immer wichtigere Rolle des Verkehrs berücksichtigt. Die Architektur sei dabei fast nebensächlich: Der Verkehr muss fließen, am besten auf mehreren Ebenen. Und da der Verkehr sich in dieser Zeit rasant verändert, würden die Gebäude auf dem Platz sowieso nur eine kurze Lebenszeit haben, ohne bleibenden architektonischen Wert. Also: nichts für die Ewigkeit, die Stadt im permanenten Wandel.

Nach und nach kauft die Stadt die privaten Grundstücke auf dem Platz auf. Ein Wettbewerb wird ausgeschrieben und am 5. Februar 1929 entschieden: Der prämierte Entwurf stammt von dem Brüderpaar Wassili und Hans Luckhardt sowie Alfons Anker. Aber dann taucht ein Problem auf: Der Stadt fehlt das Geld, und es gibt kein Interesse von privater Seite – zumindest nicht von deutscher – zu investieren. Die Rettung kommt aus Amerika über ein Finanzkonsortium. Aber die Retter wollen mitreden, wie der Weltstadtplatz aussehen soll. Die Ergebnisse des Wettbewerbs werden verworfen, der Zweitprämierte Hans Poelzig soll zum Zuge kommen. Auf Poelzigs Schreibtisch stapeln sich die Projekte: Neben dem Haus des Rundfunks in Berlin baut er gerade ein gigantisches Verwaltungsgebäude für die I. G. Farben in Frankfurt am Main. Aber unter Kollegen hilft man sich: Er empfiehlt Peter Behrens. Die beiden sind fast gleich alt und gehören zu den gefragtesten Architekten der Zeit. Behrens hat als künstlerischer Beirat der AEG nicht nur mit zahlreichen Werkgebäuden die moderne Industriearchitektur erfunden, sondern auch das Design, heute sagt man die „Corporate Identity", der AEG entwickelt.

Berliner Tempo auf dem Alexanderplatz

Der Schriftsteller und Satiriker Walter Mehring feiert in seinem Gedicht „Heimat Berlin" 1919 die Stadt und ihr Tempo – und den Alexanderplatz:

Denn wer nu mal mit Spree jetooft,
Durch alle Länder Weje looft,
Der fährt
Immer mal wieder
Mit der Hand über'n Alexanderplatz,
Den Pharusplan im Schube!
Newyork-Berlin een eenz'ger Satz:
Rin in die jute Stube!
Da habt ihr mich! Die Großstadt schreit:
Neue Zeit! Neue Zeit! Neue Zeit!

Zwei Gebäude stellt Peter Behrens auf dem Alexanderplatz fertig: das Alexanderhaus und das Berolinahaus, mit acht Stockwerken – für Berliner Verhältnisse damals also Hochhäuser. „Einfach gehalten", „sachlich", „ohne Umschweife", so beschreibt Behrens seine Bauten. Eine helle Natursteinfassade und quadratische Fenster, streng gerastert. Man staunt: so viele Fenster! Der erste Stock bringt Eleganz mit einer Art Bauchbinde: einer hervorstehenden Galerie aus weißen Opakglasscheiben. Und dann natürlich die gläsernen Treppentürme. Wenn es dämmert, fangen sie an zu strahlen und tragen ihren Teil bei zum immer leuchtenden Berlin, der Stadt des Lichts. Beide Gebäude sind als Stahlbetonkonstruktionen in Skelettbauweise errichtet, um vor allem im Inneren flexibel auf die Anforderungen der jeweiligen Mieter reagieren zu können. Die prominentesten Mieter sind im Berolinahaus das C&A, übrigens heute wieder, und das Swing-Etablissement „Café Braun" mit einer Dachterrasse, von der man einen schönen Blick auf das bunte Treiben auf dem Alexanderplatz hat. In das Alexanderhaus zieht das Kaufhaus Jonass & Co. ein, dazu das legendäre Restaurant „Aschinger". Hinzu kommen in beiden Häusern weitere gewerbliche Nutzer.

Es erscheint wie ein Wunder, dass die beiden Gebäude den Krieg sowie die sozialistische Abrisswut in Berlins Mitte überlebt haben. Der von Martin Wagner geforderten Kurzlebigkeit haben sich die beiden Behrens-Bauten also mit aller Hartnäckigkeit widersetzt. Zu DDR-Zeiten erfolgt in den 1950er Jahren eine Sanierung der Gebäude. Nach der Wiedervereinigung kommt es mit Unterstützung des Denkmalschutzes zu einem Rückbau der Fassaden in Richtung Urzustand.

Und jetzt wird wieder gebaut am Alexanderplatz! Die den Behrens-Bauten gegenüberliegende Seite bekommt mit 90 Jahren Verspätung jetzt doch ihre Hochhäuser. Und so wird es dann wie schon in dem berühmten Roman ‚Berlin Alexanderplatz' von Alfred Döblin heißen: „Rumm rumm wuchtet vor Aschinger auf dem Alex die Dampframme. Sie ist ein Stock hoch, und die Schienen haut sie wie nichts in den Boden. Ruller ruller fahren die Elektrischen, Gelbe mit Anhängern, über den holzbelegten Alexanderplatz, Abspringen ist gefährlich."

Anfang der 1930er Jahre.

Ein Badezimmer unter der Erde • der U-Bahnhof Alexanderplatz

Während oben auf dem Alexanderplatz die Baugerüste für die Errichtung der beiden Gebäude von Peter Behrens in die Höhe wachsen, ist man unter der Erde schon fertig: mit der kompletten Neugestaltung des U-Bahnhofs Alexanderplatz. Zuvor galt es, bei jedem Schritt auf dem holzbelegten Alexanderplatz aufzupassen, dass man nicht ein Brett verfehlt und in die Tiefe stürzt.

Der Verkehrsknotenpunkt ist nicht nur ein logistisches, sondern auch ein ästhetisches Meisterwerk des schwedischen BVG-Architekten Alfred Grenander. Vier U-Bahnlinien kommen an dem komplexesten und am tiefsten reichenden Berliner U-Bahnhof zusammen.

Grenander schafft verschiedene Ebenen, die teilweise offen gestaltet sind. Um ein Gefühl der Beklommenheit in den nicht sehr hohen Ebenen zu verhindern, findet er eine clevere Lichtlösung: Auf den stützenden Säulen ist jeweils ein Leuchtkörper angebracht. Dazu schafft ein grünlich-bläulicher Farbton ein angenehmes Licht.

Leider sind inzwischen alle Kacheln mit ihrer subtilen Farbigkeit ausgetauscht. Die neuen, kräftigeren Farben erinnern eher an ein Badezimmer der 1950er Jahre. Aber die Struktur und die Wegeführung haben sich perfekt erhalten, und der Bahnhof bleibt ein beeindruckendes Beispiel für Neues Bauen unter der Erde.

Eine Unternehmensfestung • das Karstadt-Verwaltungsgebäude

Der Rudolf Karstadt AG geht es gut Ende der 1920er Jahre. Das Unternehmen ist mit 89 Filialen und 29.000 Angestellten der größte Warenhauskonzern Europas. Im Juni 1929 eröffnet Karstadt am Hermannplatz ein Kaufhaus der Superlative. Fehlt nur ein passendes Verwaltungsgebäude – das steht nämlich noch in Hamburg. Aber die Berliner Stadtverwaltung lockt – in der Hoffnung auf Arbeitsplätze und Steuereinnahmen. Der Konzern folgt gerne – in der Hoffnung auf noch größere Umsätze.

Und so bezieht Karstadt 1931 seine neue Hauptverwaltung in der Neuen Königstraße. Der Architekt kennt sich aus mit Karstadt: Philipp Schaefer ist Haus- und Hofarchitekt des Konzerns, Leiter der Bauabteilung, Chefplaner. Seine meist streng vertikal gegliederten Warenhäuser ähneln Hochhäusern aus New York und Chicago. Nicht alle schätzen diese Architektur. Einen „senkrechten Gewaltakt" stellen diese „Unternehmensfestungen" dar, urteilt der Journalist Siegfried Kracauer.

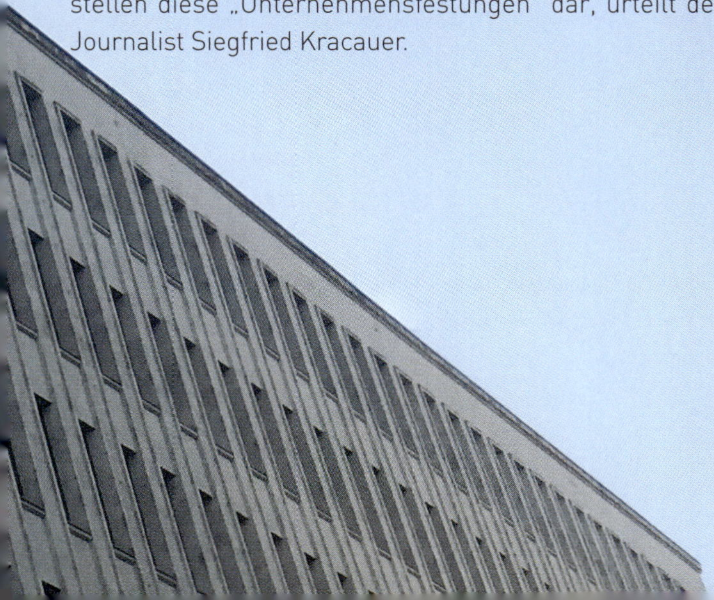

Doch Schaefer beeinflusst mit seinen Gebäuden die Architektursprache des Warenhauses in ganz Deutschland.

Das „Haus der tausend Fenster", wie das Gebäude später genannt wird, erstreckt sich über 177 Meter Länge und ist damals das größte Bürogebäude der Stadt. Nicht nur als Verwaltungssitz, auch als Lager dient der Karstadt-Block: Drei der neun Innenhöfe können mit Lieferwagen befahren werden. Zwanzig Lastenaufzüge bringen die Waren hoch und runter. Es muss schnell gehen, Karstadt will weiter expandieren.

Doch dann der Einbruch: Der Börsencrash vom Oktober 1929 zieht die Weltwirtschaft und mit ihr nach und nach auch Karstadt in den Keller. Das gerade erst bezogene Verwaltungsgebäude ist jetzt viel zu groß. 1935 zieht der Konzern in ein kleineres Bürohaus am Fehrbelliner Platz, ebenfalls entworfen von Philipp Schaefer.

Die weitere „Karriere" des Gebäudes an der Neuen Königsstraße verläuft wechselhaft. Als „Reichshaus" beheimatet es das Statistische Reichsamt, verantwortlich für die Judenzählungen im Nationalsozialismus. In der DDR findet die Polizei in dem beschädigten Gebäude einen Ersatz für die zerstörte „Rote Burg", das Polizeipräsidium am Alexanderplatz. Eine Untersuchungshaftanstalt ist angegliedert. 2010 zieht mit der Senatsverwaltung für Bildung, Jugend und Familie eine ganz der Demokratie verpflichtete Institution ein.

Einbestellt zur „Klärung eines Sachverhaltes" – die Keibelstraße war gefürchtet zu DDR-Zeiten.

Zwischen 1951 und 1990 befand sich in Teilen des ehemaligen Karstadt-Verwaltungsgebäudes eine Untersuchungshaftanstalt, angegliedert an das benachbarte Präsidium der Volkspolizei. Seit einigen Jahren werden Führungen durch das Gefängnis angeboten.

Bernhard-Weiß-Straße 6
10178 Berlin

Jeder Preis ein Schlager – das Kaufhaus Jonass & Co.

„Jeder Preis ein Schlager": Unübersehbar hängt das Plakat über dem Eingang des Achtgeschossers. Verlockend sind die Schaufensterdekorationen im Erdgeschoss und unschlagbar die Preise, mit denen das Kaufhaus Jonass & Co. lockt. Vor dem Eingang erwartet ein mobiler Verkaufsstand die Passanten. Vom Dachgeschoss des Gebäudes schaut ein Paar zwischen exotischen Bäumchen und großen Sonnenschirmen Richtung Alexanderplatz. All das ist zu sehen auf dem einzigen bekannten Foto des Gebäudes aus der Weimarer Republik.

1929 eröffnete das „Kredit-Warenhaus Jonass & Co. AG" seine Pforten. Weit entfernt von dem Luxus und den Preisen eines KaDeWe oder Wertheim bot es seinen Besuchern etwas damals Einmaliges: Kaufen auf Pump. Mit einem „Kaufschein" konnten Kunden nach Anzahlung eines Viertels des Warenwertes den Rest in vier Monatsraten abstottern. „Jonass hilft durch den Kaufschein! Jeden bedenken mit Festgeschenken", hieß es.

Hinter der Idee des Kreditkaufhauses stand der Kaufmann Hermann Golluber. Er beauftragte die Architekten Gustav Bauer und Siegfried Friedländer, die im Stil der Neuen Sachlichkeit bauten, schlicht und ohne Dekor. Wie ein gestrandeter Passagierdampfer wirkt das Gebäude, mit einer Reling um die beiden Ecktürme herum, einem Sonnendeck und den vielen Kabinenfenstern.

Schlagerpreise und Ratenzahlung gab es hier allerdings nur kurz. 1933 begann die „Arisierung" des Unternehmens. Die Reichsjugendführung der NSDAP bezog das Gebäude, Jonass setzte seine Geschäfte am Alexanderplatz fort. Hermann Golluber konnte fliehen, die beiden Architekten wurden in Auschwitz ermordet. 1945 löste die Sowjetische Militäradministration das Kaufhaus endgültig auf.

Aber die Geschichte des Gebäudes bietet weitere spannende Kapitel: zunächst als „Haus der Einheit" mit Sitz des Zentralkomitees der SED, dann als Heimstatt des Instituts für Marxismus-Leninismus, nach der Wende jahrelang im Leerstand und seit 2010 als Berliner Dependance des britischen Privatclubs „Soho House". Für die Kreativen und die Wohlhabenden der Stadt gibt es wie seinerzeit eine Dachterrasse, diesmal sogar mit Pool. Wer will, kann auch ohne Clubmitgliedschaft in einem der Hotelzimmer nächtigen. Wie übrigens schon George Clooney, Madonna und Brad Pitt.

Torstraße 1
10119 Berlin

JONASS & CO. A.G.
Jeder Preis ein Schlager
Jeder Preis ein Schlager

1930

Autohupen, Vogelzwitschern und Telefon • das Kino „Babylon"

Das Wertvollste im Kino „Babylon" ist unsichtbar – zumindest für den normalen Kinobesucher. Hinter der Leinwand, durch einen engen Gang zu erreichen, befindet sich eine Tür, deren Schlüssel lediglich Anna Vavilkina hat. Nur sehr selten lässt sie hier jemand Fremden reinschauen. Denn das Herzstück des Kinos, die Stummfilmorgel aus dem Jahr 1929 mit ihren über neunhundert Orgelpfeifen, ist sehr fragil und zudem die einzige Kinoorgel aus der Zeit, die noch an ihrem Originalstandort geblieben ist. Zumindest in Deutschland. Und als einzige fest angestellte Stummfilmorganistin weiß Vavilkina, welche Register sie auf ihrem Spieltisch im Kinosaal zu bedienen hat, um den richtigen Klang zu erzeugen.

Stolz auf die Orgel war das Kino „Babylon" bereits zur Eröffnung. „Die neue Kino-Orchester-Orgel dürfte berufen sein, die ausländische Konkurrenz [...] endlich aus dem Felde zu schlagen", schrieb ein Kritiker. Auch die Spezialeffekte begeisterten. Im Angebot waren und sind Eisenbahnrattern, Schreibmaschine, Feuerwehralarm, Pferdegetrappel, Vogelzwitschern, Autohupen und natürlich ein Telefon – insgesamt 34 Effekte. Im April 1929 öffnete das Kino als Teil eines der von Hans Poelzig gestalteten Wohn- und Geschäftsgebäude am heutigen Rosa-Luxemburg-Platz. Der Mitbegründer des Werkbundes hatte als Filmarchitekt bereits Bühnenbilder entworfen und mehrere Kinos gebaut. Zwar stand das Kino am damaligen Bülowplatz im Schatten der großen Filmpaläste der Stadt, aber die Eröffnung wurde trotzdem groß gefeiert. Draußen prangte der Schriftzug „Babylon" über dem Eingang. Wie der Turm zu Babel stiegen die Buchstaben auf und ab. „Eine beängstigende Zuschauermenge", beobachtete ein Kritiker. Die große Sause begann und zeigte, dass das Kinovergnügen damals weit mehr umfasste als heute. Ein Orchester mit 16 Mann spielte auf. Die Kinoorgel zeigte, was in ihr steckte, und ein Ballett aus New York gab sich die Ehre. Als lebende Statuen formten die Tänzerinnen sogar das Wort „Babylon" – leider sind davon keine Bilder überliefert. Konfektladen, Barsalon und eine kulinarische Sensation, das Automatenrestaurant, versorgten die Premierengäste.

Fast unbeschadet durch den Krieg gekommen, wurde das Kino ein wichtiger Bestandteil der Kinolandschaft Ostberlins – bis zu seiner Schließung 1993. Das in die Jahre gekommene Kino drohte einzustürzen. Eine behutsame Sanierung folgte. Heute stehen im Eingangsbereich immer noch die kleinen Kassenhäuschen aus der Eröffnungszeit. Die geschwungenen Garderobentresen, die großzügigen

90 JAHRE BABYLON – 1929
BABYLON

Flügeltüren und vor allem die expressive Farbgestaltung ermöglichen eine Zeitreise in das Jahr 1929. Im Kinosaal dagegen setzten die Denkmalpfleger auf Stuck und Goldleiste aus den 1950er Jahren und auf ein Farbkonzept mit einem ockerfarbenen Grundton, ergänzt durch rote und grüne Nebenfarben.

Heute ist es glücklicherweise bequemer als im alten Kino. Statt der früher 1.200 finden im großen Saal nur noch 400 Zuschauer Platz. Einer der Plätze ist allerdings permanent besetzt. Im hellen Anzug mit Krawatte, eine Zigarre im Mund, die andere in der Hand und dazu noch eine kleine Handpuppe, die keinen Geringeren als den Puppenträger selbst darstellt,

sitzt der Regisseur Ernst Lubitsch da. Aufgewachsen ist Lubitsch um die Ecke an der Schönhauser Allee. In der Volksbühne, gegenüber vom Kino, sammelte er erste Schauspielerfahrungen. Dann entwickelte sich Lubitsch zu einem der wichtigsten Regisseure in Deutschland und nach seiner Auswanderung 1922 auch in den USA. Die Holzfigur ehrt ihn, ist aber nur ein Schritt auf dem Weg zu einem weiteren Vorhaben des „Babylon"-Betreibers Timothy Grossman. Irgendwann, so ist er überzeugt, wird die Straße vor dem Kino nach dem seiner Meinung nach wichtigsten deutschen Regisseur benannt werden.

1929

Gewalt vorm Kino

Eine unsanfte Unterbrechung des Filmvergnügens erleben am Abend des 9. August 1931 die Gäste des Kinos „Babylon". Die Polizei durchsucht das Kino und auch die umliegenden Gebäude. Kurz zuvor sind zwei Polizisten vor dem Gebäude erschossen worden. Die Mörder können fliehen. Einer von ihnen, der spätere Minister für Staatsicherheit, Erich Mielke, wird mehr als 60 Jahre später für das Verbrechen verurteilt. Der Rosa-Luxemburg-Platz, damals Bülowplatz, ist spätestens seit dem Bezug des Karl-Liebknecht-Hauses durch die KPD 1926 immer wieder Schauplatz von politischen Auseinandersetzungen.

TIPP: Für Nachtschwärmer und Stummfilmliebhaber ist das mittlerweile ein Klassiker:
Jeden Sonnabend um Mitternacht heißt es im Babylon: „NULL Uhr – NULL Euro". Bei freiem Eintritt werden Stummfilme gezeigt. Dazu spielt die Organistin Anna Vavilkina live auf der Kinoorgel und führt so die Tradition des Stummfilmkinos fort. Zu hören ist Anna Vavilkina auch tagsüber vor Filmvorführungen und Live-Veranstaltungen – das ist einmalig in Deutschland.

Rosa-Luxemburg-Straße 30
10178 Berlin

Wilhelminismus trifft Moderne • die Rote Apotheke

Der Besitzer der Roten Apotheke am Hackeschen Markt war ein Fan der Moderne. Und so beschloss er, dem mit viel Stuck und Schmuck im Jahre 1887 erbauten Gebäude eine Art „Facelifting" zu verpassen. Die älteste Apotheke Berlins wurde „entstuckt". Dieses Vorgehen war nicht unüblich in der Weimarer Republik. Die Vertreter der architektonischen Moderne verachteten Stuck und Putten. Aber da Abrisse nur selten sinnvoll und finanzierbar waren, wurde dem Wilhelminismus häufig anders eins ausgewischt: Stuck schlug man ab, Turmbauten wurden beseitigt, Umrisse begradigt. So auch hier. Die horizontalen gelben Bänder des rot verputzten Gebäudes füllten die Renovierer mit Werbeschriften, hell erleuchtet im Dunkeln. Heute gibt es keine Werbung mehr. Dafür ist ein Detail aus vergangenen Zeiten zurückgekehrt: Ganz oben blitzt nämlich Stuck hervor. Und in die schöne, abgerundete Ecke ist ein Spalt geschlagen. Nach der Wiedervereinigung bekam die Enkelin der ehemaligen Besitzer, Carla Wartenberg, das Gebäude rückerstattet. Und sie ließ ein kleines Stück Stuck freilegen, um die Geschichte des Gebäudes transparent zu machen

Rosenthaler Straße 46/47
10178 Berlin

Mehr als nur Planschen • das Stadtbad Mitte

Ein trauriger Tag für die Berliner. Am 25. Mai 1925 müssen die innerstädtischen Flussbadeanstalten schließen. Die Sauberkeit des Wassers kann nicht mehr gewährleistet werden. Aber Körperhygiene und Badespaß sind essenziell für den Berliner, ein eigenes Badezimmer absoluter Luxus. Schnell plant die Stadt deshalb neue Hallenbäder. Nun aber unter anderen Vorzeichen als noch in der Kaiserzeit. Schwimmen als Leistungssport hat sich in den Vordergrund geschoben. Verantwortlich ist auch nicht mehr das Gesundheitsamt, sondern das neu eingerichtete Stadtamt für Leibesübungen. Das Stadtbad Berlin-Mitte soll daher den Bedürfnissen nach Waschen und Planschen sowie nach Schwimmen mit Wettbewerbscharakter gerecht werden. Dahinter steht auch ein erzieherischer Gedanke: Die meisten Berliner können damals nicht schwimmen. Also wird nur ein einziges Becken gebaut. Mit 50 Metern ist es das längste in Berlin. Zur Eröffnung 1930 darf sich das Bad mit dem Superlativ „größtes Hallenbad Europas" schmücken. Eines der hellsten ist es sowieso, vor allem im Kontrast zu den Bädern der Kaiserzeit mit ihren kleinen Fenstern. Natürliches Licht kommt von allen Seiten durch riesige Fenster, sogar von oben: ein beeindruckender Raumeffekt, geschaffen vom Architekten Heinrich Tessenow. Mit zwölf Metern ist die Halle deutlich höher als notwendig. Ein bisschen Prestige muss schließlich sein, will man international sportliche Geltung erlangen. Das Prinzip des Neuen Bauens, „Licht, Luft und Sonne", ist übrigens auch auf dem Dach umgesetzt: Hier kann man sonnenbaden. Die Liegen stehen auf einem Untergrund aus Flusskies und Rasen. Bei der Eröffnung meckert der Berliner natürlich erst mal: Drei Bäder hätte man für den Preis von drei Millionen Reichsmark bauen können. Außerdem ist der Blick von der Galerie auf das Bad bei den Wettkämpfen nur eingeschränkt möglich. Und wenn schon so hohe Decken, wo bleibt dann der Zehnmeterturm?

Aber das Schwimmbad erfreute – und erfreut sich noch immer großer Beliebtheit. Heute allerdings ohne die Wannenbäder für die Körperhygiene. Dafür gibt es dort jetzt Sauna, Sportraum und mehr Umkleiden. Und auch der Name wurde erweitert: Seit 2012 trägt das Stadtbad Mitte zu Ehren des Kaufmanns und Kunstmäzens den Zusatz „James Simon".

1930

Gartenstraße 5
10115 Berlin

Leibesübungen auf dem Dach • die Jüdische Mädchenschule

Schulbänke? Längst überholt. In der Jüdischen Mädchen-Volksschule hatte jede Schülerin einen eigenen Stuhl! Dazu gab es separate Tische. Aber nicht nur darin zeigte sich die Schule vorbildlich. Die vierzehn Klassenräume waren geräumig und hatten große Fenster. Und die Dachterrasse des Hofflügels diente im Sommer als Platz für Leibesübungen und zum Aufenthalt in den Pausen. Das Gebäude aus dunkelroten Klinkern wurde im Stil der Neuen Sachlichkeit gebaut. In dem vorspringenden Turmbau befanden sich die Turnhalle und die Aula. Die jüdische Gemeinde war sehr zufrieden mit ihrem Gemeindebaumeister Alexander Beer. Im Jahr 1930 begann hier der Unterricht. Zwölf Jahre später schlossen die Nationalsozialisten die Einrichtung. Viele Schülerinnen und Lehrer, auch der Architekt der Schule, wurden in Konzentrationslager deportiert und dort ermordet. Ab 2012 öffnete sich ein neues Kapitel in der Geschichte des Hauses. Das Gebäude ist behutsam saniert worden, die bunten Fliesen und Terrakottaklinker an den Säulen strahlen wie zur Eröffnung. Im Sportsaal wird heute exquisit gespeist, mehrere Galerien und ein Museum sind eingezogen.

Auguststraße 11–13
10117 Berlin

Expressionismus in Blau • die ehemalige Chirurgische Pferdeklinik

Ob sich die Studenten bei so viel Schönheit auf die Vorlesung zur Bewegungsanalyse konzentrieren können? Der Hörsaal mit Treppenaufgang im Institut fur Sportwissenschaft (Haus 11, Campus Nord der Humboldt-Universität) ist eines der spektakulärsten und gleichzeitig unbekanntesten Raumensembles des Expressionismus in Berlin. Das Gebäude in der Philippstraße wurde 1926 vom Architekten Walter Wolff als Chirurgische Pferdeklinik gebaut. Es war Teil der Tierärztlichen Hochschule und diente zur Forschung und Lehre, aber auch als Stall, Futterspeicher und Operationssaal. 2006 bis 2010 saniert und umgebaut, nutzen seitdem die Sportwissenschaftler den gelben Bau mit den roten Zinnengiebeln. Im Rahmen der Sanierung wurden auch der zerstörte Hörsaal und der Vorraum mit seinem strahlend blauen Faltgewölbe wiederhergestellt. Also: Schnell noch bei den Sportwissenschaftlern einschreiben und dann ab in den Hörsaal!

Philippstraße 13
10115 Berlin

Ein Haus stand unter Strom • das Umspannwerk Buchhändlerhof

Ein Umspannwerk verändert die Spannung des Stroms, bevor dieser zu den Verbrauchern gelangt. Während der Weimarer Republik war Hans Heinrich Müller der Leiter der Bauabteilung der Berliner Elektrizitätswerke – ein Meister der Umspannwerke, der Herr des Stroms. Insgesamt 15 Umspannwerke realisierte er in „Elektropolis" Berlin. Alle Gebäude sind kleine Meisterwerke, individuell gestaltet und gespickt mit bauhistorischen Zitaten. Mal eine Klosteranlage, mal eine mittelalterliche Burg, mal ein Renaissancepalast, mal eine Kathedrale.

Das Umspannwerk Buchhändlerhof – nebenan residierte die Korporation der Deutschen Buchhändler – war für Müller keine einfache Aufgabe. Es mangelte aufgrund der umgebenden Häuserblocks an Platz. In den neungeschossigen Hallen stapelten sich die Schaltanlagen übereinander. Die zentrale Schaltwarte musste ausgegliedert werden. Sie ist der beeindruckendste Gebäudeteil des Komplexes: ein Viertelkreis, dessen oberste Stockwerke wie eine Hutkrempe überstehen. In den 1990er Jahren startete das Gebäude eine neue Karriere.

Als „E-Werk" wurde es einer der bekanntesten Technoclubs Europas. Heute finden hier Fashionshows und Konferenzen statt. Die Schaltwarte hat wahrscheinlich auch ein historisches Vorbild: Zumindest sieht sie dem von Hans Poelzig erbauten Wasserturm in Posen erstaunlich ähnlich.

Mauerstraße 78–80
10117 Berlin

Arbeit und Vergnügen in einem • Deutschlandhaus und Europahaus

Wie sieht die perfekte Planung eines Geschäftstermins in Berlin im September 1931 aus? Mit einem anständigen Geschäftsessen und einer abendlichen Bespaßung, wie man sie in der Provinz nur vom Hörensagen kennt? Am Nachmittag kommt unser Handlungsreisender am gigantischen Anhalter Bahnhof an. Die Gepäckträger bieten ihm eifrig ihre Dienste an. Aber er eilt lieber auf die beiden Fahrstühle zu. Schon von weitem sieht er nämlich die Bedientesten des Hotels unter dem bunten Transparent des Excelsior-Tunnels winken. Statt über den Askanischen Platz geht es jetzt erst einmal eine Etage tiefer und dann mehr als hundert Meter durch Europas größten Hoteltunnel. Direkt vom Bahnsteig in die Lobby des – natürlich – „größten Hotels auf dem europäischen Kontinent". Bescheidenheit war noch nie eine Zierde des Berliners. Aber mit 600 Zimmern kann man schon prahlen. Nicht den Luxusurlauber, eher den Geschäftsreisenden hat das „Excelsior" im Visier. Check-in erfolgreich. Die zehn verschiedenen Restaurationen müssen warten, erst mal geht es über die Straße zum Geschäftstermin in der Königgrätzer Straße. Aufpassen, seit Februar 1930 heißt sie ja Stresemannstraße, nach dem kürzlich verstorbenen Außenminister. Doch noch einen schnellen Kaffee? Ja, und zwar in der „Mokka-Express-Stube" im Deutschlandhaus. Ein paar Schritte weiter befindet sich der Eingang ins benachbarte Europahaus. Die Stickstoff-Syndikat GmbH hat sich als erster Mieter in den Stockwerken vier bis zehn bequem eingerichtet. Und hier hat der Handlungsreisende seinen Termin. Unter ihm der Askanische Platz, der eine spannende Karriere vom Kartoffelacker zu einem der belebtesten Plätze der Stadt hinter sich hat. Noch mehr los ist natürlich am benachbarten und permanent verkehrsumtosten Potsdamer Platz.

Nach getaner Arbeit bestaunt unser Gast erst einmal in Ruhe die beiden beeindruckenden Neubauten.

Von der anderen Straßenseite ergibt sich ein guter Blick. Das Deutschlandhaus ist 1926 fertiggestellt worden – ein fünfgeschossiger Bau mit hell verputzter Fassade und leicht expressionistischen Elementen aus rotem Porphyr. Daneben thront stolze zwölf Stockwerke hoch und mit seinen 35.000 Quadratmetern zur Eröffnung 1931 das größte Geschäftshaus Europas: das Europahaus. Schlicht und im Stil der Neuen Sachlichkeit gehalten, bestimmt der Wechsel von verputzter Fassade und roten Porphyrplatten zwischen den Fenstern den harmonischen Eindruck. Richard Bielenberg und Josef Moser, die später auch das „Haus Nürnberg" mit dem „Femina"-Palast bauen, sind für den Entwurf verantwortlich. Otto Firle stellte den Bau fertig.

1934

Nun aber lockt das Vergnügen. In Berlin liegen Tag und Nacht dicht beieinander: Das Europahaus hat als Geschäftshaus und Vergnügungsetablissement zwei Seiten. Und jetzt gehen die Lichter an! Oben auf dem Dach wird auf einem 15 Meter hohen Lichterturm geworben: Reklame für Odol und Allianz. Berlin, die Lichterstadt. Aber wohin jetzt? Die Entscheidung fällt unserem Gast wie auch Tausenden Berlinern jeden Abend schwer. Zunächst vielleicht in den „Europa-Palast", das Lichtspieltheater mit seinen 2.000 Plätzen? In den „Europa-Pavillon" zum Tanz-Varieté? Oder gleich in das „Café Europa" für das „bewegungsdürftige, jüngere Publikum"? Ein Highlight will er auf keinen Fall verpassen: „Berlins höchsten Dachgarten", trotz des stolzen Preises von 50 Pfennig für den Express-Fahrstuhl. Auf jeden Fall macht unser Handlungsreisender die Nacht zum Tage. Dann noch ein schnelles Schläfchen im Business-Hotel und ab durch den Excelsior-Tunnel zurück zum Bahnhof, die Heimat ruft. – Berlin, immer wieder eine Reise wert oder auch: Jeder einmal in Berlin.

Das Triumvirat aus Anhalter Bahnhof, „Grand Hotel Excelsior" und Europahaus war damals tatsächlich ein Symbol für das moderne Berlin. Im Krieg sind Bahnhof und Hotel zerstört worden. Das Europahaus und das Deutschlandhaus wurden vereinfacht wiederaufgebaut. Heute leider ohne Vergnügungsangebote: Im Europahaus residiert das Bundesministerium für wirtschaftliche Zusammenarbeit und Entwicklung. Im Deutschlandhaus soll 2021 die Ausstellung der Stiftung Flucht, Vertreibung, Versöhnung eröffnet werden. Und vielleicht gibt es dann auch wieder einen Kaffee in dem Nachfolger der „Mokka-Express-Stube".

Makabre Gegensätze

Während auf der Dachterrasse des Europahauses zu wilden Rhythmen getanzt wird, verhört die Gestapo keine 300 Meter entfernt ihre Gefangenen in den Kellergefängniszellen des Prinz-Albrecht-Geländes. Gleich nach der Machtübernahme der Nationalsozialisten werden die Europahaus-Gaststätten arisiert, die jüdische Geschäftsführung wird ausgetauscht. Aber der großstädtische Vergnügungsbetrieb geht weiter, berühmte Tanzkapellen treten auf und bringen den Swing im Laufe der 1930er so richtig in die Erfolgsspur. Erst der Krieg stoppt das Tanzvergnügen.

Stresemannstraße 90
10963 Berlin

Ein Hochhaus für den Malzkaffee • das Kathreiner-Haus

Voll Bewunderung schrieb die ‚Vossische Zeitung' im Juli 1930: „Nun haben wir also richtig so etwas wie einen Wolkenkratzer in Berlin. Das Kathreiner-Haus steht fertig, aus der Schale seiner Gerüste gepellt […]. Man kann es nicht lassen und rechnet die Stockwerke nach: Es ist ein rundes Dutzend, das Erdgeschoss mitgezählt." Ein Wolkenkratzer – mit bescheidenen 46 Metern Höhe. In Manhattan ragte schon seit einem halben Jahr das Chrysler Building mit 319 Metern in den Himmel. Aber in Berlin registriert man stolz die ersten Gebäude, die die Stadt in die Vertikale drehen.

Bauherrin: die Firma Kathreiner. Heute vergessen, war Kathreiner früher das größte Kolonialwarengeschäft Deutschlands mit einem der ersten Markenartikel im Sortiment: dem Kneipp-Malzkaffee. Den Segen gab der damals bekannteste Deutsche nach Bismarck: Sebastian Kneipp, Erfinder der Wasserkuren. Ende der 1920er Jahre war die Zeit für einen Firmensitz in Berlin gekommen. Architekt Bruno Paul, Mitbegründer des Werkbundes, gilt als einer der Wegbereiter des Bauhauses und der modernen Zweckarchitektur. Äußerst vielseitig, arbeitete Paul auch als Karikaturist, Möbeldesigner und Innenausstatter. Er gestaltete das Innere der Berliner Straßenbahn, konstruierte Luxusmöbel für Schiffe, baute Villen und Geschäftshäuser. Während der Zeit der Weimarer Republik wurden seine Gebäude immer nüchterner, sachlicher.

So ist auch das Kathreiner-Haus im Stil der Neuen Sachlichkeit entworfen. Während die beiden parallel zur Straße liegenden Flügel sich noch an der Traufhöhe der umliegenden Gebäude orientieren, liegt das eigentliche „Hochhaus" quer zur Straße. Abgesehen davon: kein Schmuck, kein Dekor – aber mit Thüringer Travertin eine durchaus hochwertige Fassade. Die ‚Vossische' berichtete begeistert von der imposanten Klarheit, der kunstreichen Einheit und der Harmonie des geformten Riesenbaukörpers.

Beeindruckend ist aber vor allem die Schnelligkeit, mit der die „ungewöhnliche Aufgabe" gelöst wurde: Innerhalb von fünf Monaten war man fertig! Auf nicht weniger als fünf Jahre ist momentan allein die Dauer der Sanierungsarbeiten angesetzt, nach denen das Verwaltungsgericht in das zurzeit noch leere Gebäude einziehen kann.

Potsdamer Straße 186
10783 Berlin

S. M. Rudolf Mosse dampft - das Mossehaus

1919

Pulverdampf liegt in der nebligen Luft des 13. Januar 1919. Dicke Walzen mit Zeitungspapier liegen auf der Schützenstraße. Passanten sammeln sich vor dem Gebäude des Mosse-Verlags. Im Inneren herrscht Chaos: Druckmaschinen sind zerstört, Redaktionsmöbel wild im Raum verteilt, leere Flaschen auf dem Boden. Die Spartakisten haben kurz zuvor das Hauptquartier ihres Aufstands geräumt. Aber nicht freiwillig. Die Schäden sind auch außen unübersehbar. Kaputte Fenster, Einschusslöcher, aber vor allem: Es hat die „Nackte Wahrheit" erwischt. So soll Verlagsgründer Rudolf Mosse die nur sparsam bekleidete Frauengestalt an der Fassade genannt haben. Es sieht so aus, als hätten die Belagerer ein Zielschießen auf die Dame veranstaltet. Auf jeden Fall gibt es hier einiges zu reparieren. Während der angesehene liberale Verlag mit seinem Aushängeschild, dem ‚Berliner Tageblatt', schnell wieder an die Erfolge der Vorkriegszeit anknüpft, will der neue Verlagschef nun auch architektonisch neue Akzente setzen. Hans Lachmann-Mosse, Schwiegersohn des Gründers, möchte das Gebäude zu einer architektonischen Visitenkarte des Verlags machen. Dies ist die Chance für den aktuellen Shootingstar der Architekturszene: Erich Mendelsohn. Er baut gerade den Einstein-Turm, dessen organischer Bau Begeisterung auslöst. Der Freund der Familie Mosse soll sich nun um die zerstörte Ecke kümmern und dem Vorgängerbau, einer Mischung aus Historismus und Jugendstil, gleich noch zusätzliche Stockwerke draufsetzen.

Das tut Mendelsohn mit einer dynamischen und aufsehenerregenden Neugestaltung. Er drückt es in seiner Entwurfsbeschreibung eher nüchtern aus: „Aufstockung des vorhandenen Geschäftshauses. Bewusste Trennung des alten Sandstein- und neuen Putzbaues. Einpfropfung.

MOSSE-ZENTRUM-BERLIN
THALES
Schützenstraße
Jerusalemer Straße

Dazu Erneuerung der Ecke und Höherführung des Ecktraktes. Material: Eisen und Stein. Keramik als Trennmaterial zwischen Sandstein und Putz. Fenstermaterial zwischen Putz: Eisen. Fenster- und Türmaterial zwischen Keramik: Aluminium." Das Ergebnis ist eines der ersten Beispiele der Stromlinien-Moderne. Abgerundete Ecken, aerodynamische Kurven und eine lange horizontale Linienführung prägen diesen Stil. Häufig wird in Beschreibungen das Bild eines Schiffes bemüht. „S. M. Rudolf Mosse dampft in der Jerusalemer Straße", heißt es damals schnell. Nicht der einzige Dampfer, der in dieser Zeit in Berlin ankern sollte. Auch Mendelsohns Atelierbüro bezieht sich auf das Maritime und spricht von der „Einfahrt der Mauretania" in den Westhafen, damals eines der größten Schiffe der Welt. Mendelsohn selbst gebraucht das Bild einer Hafenmole, an der sich die Wellen brechen. Noch deutlicher erscheint ihm der Vergleich zum schnellen Tempo der Straße, ihrer Nervosität und die der Passanten: „Aber hier ist das Haus kein unbeteiligter Zuschauer der sausenden Autos, des hin und her flutenden Verkehrs, sondern es ist zum aufnehmenden, mitwirkenden Bewegungselement geworden." Kaum ein Gebäude in Berlin symbolisiert mit seinen beiden so unterschiedlichen Bauteilen so sehr die architektonischen Brüche und den Wandel zwischen Kaiserzeit und Weimarer Republik.

Der bahnbrechende Erfolg des Neubaus ermöglicht Mendelsohn eine steile Karriere in Deutschland – bis zu seiner Emigration nach England 1933. Der Mosse-Verlag gerät dagegen schon während der Weltwirtschaftskrise 1929 in eine finanzielle Schieflage. Die Machtübernahme der Nationalsozialisten versetzt dann dem liberalen Zeitungsimperium den Todesstoß.

Das kriegsbeschädigte Gebäude selbst liegt ab 1961 im Todesstreifen und fällt in einen langen Dornröschenschlaf. 2010 öffnet es als Mosse-Zentrum wieder seine Türen. Sausende Autos und nervöse Passanten sind an dieser ruhigen Ecke Berlins heute kaum anzutreffen. Immerhin ist die Presse wieder da. Das Mossehaus wird allerdings fast erdrückt von den Gebäuden der Axel-Springer-Verlagsgruppe. Die Zukunft verspricht aber spannende architektonische Kontraste: Direkt gegenüber vom Mossehaus, dieser Ikone der Moderne, ist im Oktober 2020 ein spektakulärer Neubau für Springer eröffnet worden. Der Architekt ist Vordenker einer neuen Moderne. Das Mossehaus hat nun einen würdigen Nachbarn gefunden.

Die Katastrophe

24. Januar 1923: In den Redaktionsstuben des Mosse-Verlags herrscht bereits reger Betrieb, als ein ohrenbetäubender Rumms das Haus erschüttert. Die Umbaumaßnahmen durch Erich Mendelsohn sind fast beendet, allerdings ist das Dach des Hauses noch offen. Baumaterialien sind durch den Regen in der Nacht so schwer geworden, dass die Decke einstürzt und einen schweren Eisenschrank mitreißt. Bis zur Telefonzentrale im Erdgeschoss reicht das Loch, 13 Verlagsmitarbeiter kommen ums Leben. Aber das Zeitungsviertel steht nicht still. Ohne Pause wird weiter recherchiert und gedruckt. Im Berliner Tageblatt, Flaggschiff des Mosse-Verlags, erscheint schon am Tag des Unglücks ein Nachruf.

Schützenstraße 22
10117 Berlin

Die Fahne voran! Das Haus des Deutschen Metallarbeiterverbandes

Vorwärts! Auf die Straße, auf zum Protest! Wie der vorderste Demonstrant eines Protestzuges ist der Fahnenmast mit Gewerkschaftsflagge an der Spitze des heutigen IG-Metall-Gebäudes angebracht. Die Massen folgen, symbolisiert durch die Seitenflügel. Ganz ohne Führung geht es allerdings nicht: Diese ist im markanten Kopfteil hinter dem Fahnenmast untergebracht.

Das Gebäude ist eine Ikone des Neuen Bauens in Berlin. Der Bau- und Hausherr, der Deutsche Metallarbeiterverband, wollte seine Zentrale von Stuttgart nach Berlin verlegen. Der Wettbewerb für den Neubau ergab keinen Sieger. Zwei relativ ähnliche Entwürfe gefielen der Jury allerdings recht gut. Entsprechend erhielten beide zusammen den Auftrag: der eher unbekannte Rudolf W. Reichel und der schon erwähnte Erich Mendelsohn, der nur ein paar hundert Meter weiter das Mossehaus umgebaut hatte und Ende der 1920er Jahre zu den angesehensten Architekten der Weimarer Republik zählte. Sein Büro hatte zeitweise mehr als 40 Mitarbeiter, er konnte sich vor Aufträgen kaum retten. Rudolf W. Reichel wird bei diesem Projekt dann meist auch nur als Mitarbeiter aufgeführt.

Im August 1930 erfolgte die Fertigstellung der Zentrale. Ein repräsentatives Gebäude, aber im Stil einer radikalen Moderne, „eine Zierde des Stadtteils, in dem es errichtet wurde". Radikal modern: das fällt vor allem auf im Vergleich zum monumentalen Gebäude des Patentamts schräg gegenüber. Dort Historismus der Kaiserzeit mit Stuck und Zier, hier ein schmuckloses, aber dynamisch-elegantes Beispiel der Avantgarde. Die Fensterreihen am Kopfgebäude und den Seitenflügel betonen die horizontalen Linien des Gebäudes. Die Horizontale war für Mendelsohn von zentraler Bedeutung: „Der Mensch unserer Zeit, aus der Aufgeregtheit seines schnellen Lebens, kann nur in der spannungslosen Horizontalen einen Ausgleich finden." Innen geht es

aber auch in die Vertikale: Zentrales Element hier ist das alle Etagen verbindende, lichtdurchflutete Treppenhaus. Eine elegante Wendeltreppe mit Messingverkleidungen führt bis in den großen Konferenzsaal im fünften Stock.
Einige Bauarbeiter setzten das Bild des Demonstranten mit Fahnenstange allerdings während der Bauarbeiten in die Tat um. Ein längerer Streik verhinderte Ende 1929 ein zügiges Voranschreiten. Trotz tarifmäßiger Bezahlung forderte die Belegschaft eine weitere Hilfe in der Zeit der großen Wirtschaftskrise. Der Verband zeigte wenig Verständnis und berichtete später etwas konsterniert: „Die Rädelsführer sind dann nicht mehr am Bau erschienen, und der Hauptstratege bekam eine Einladung nach Russland für seine Heldentat. Außerdem wurden wegen der wichtigen Tatsache, dass der Deutsche Metallarbeiterverband bestreikt worden war, Glückwunschtelegramme mit Russland gewechselt."

Alte Jakobstraße 149
10969 Berlin

Kein Schuldenturm für Berlin · die Reichsschuldenverwaltung

Er hätte so schön und vor allem so hoch sein können. Die Reichsschuldenverwaltung benötigte einen Neubau und der Architekt setzte auf die Vertikale. Aber der Berliner Polizeipräsident erwies sich als Stimmungskiller. Feuersicherheitliche und sanitäre Nachteile würden beim geplanten Hochhausbau überwiegen. Dabei hatte der fränkische Architekt German Bestelmeyer perfektes Self-Marketing betrieben. Er flankierte seine Pläne mit verschiedenen Berichten in der Presse: ein ovaler Turm mit zehn Stockwerken, 40 Meter hoch, die Nachbarhäuser ums Doppelte überragend – um ein Drittel höher als das Rote Rathaus! Wohlgemerkt: im Jahr 1919. Was wäre das für ein symbolischer Paukenschlag gewesen: der erste Neubau des jungen Staates zugleich das erste Hochhaus der Republik!

Letzten Endes setzte sich die Baupolizei durch. Die Reichsbehörde gab klein bei, der „Reichsschuldenturm" war vom Tisch. Bestelmeyer plante um, der Auftraggeber und die strenge Baupolizei gaben ihr Einverständnis.

Baubeginn ist Frühjahr 1921. Wirtschaftlich sieht es damals düster aus, dann schlittert Deutschland auch noch in die Hyperinflation. Es muss also gespart werden, aber gleichzeitig braucht die Behörde mehr Platz. Das hängt mit ihrer zu dieser Zeit wichtigsten Aufgabe zusammen: die Reparationswünsche der Sieger des Ersten Weltkriegs bedienen. Eine verrückte Konstellation: Es müssen immer mehr Schulden gemacht werden. Daher ist ausgerechnet der Bau einer Behörde, die dieses Geld organisieren muss, unentbehrlich. Etwas weniger aufwendig fällt das Gebäude aus, das passt vielleicht besser zum Selbstverständnis, und auch das Honorar des Architekten wird noch mal diskutiert.

Am 1. April 1924 können die Türen öffnen. Dass der erste fertiggestellte behördliche Bau der Weimarer Republik die Reichsschuldenverwaltung ist, sorgt für viel Gespött. Das Ergebnis ist deutlich traditioneller als das geplante Hochhaus. Orientiert an preußischen Traditionen mit Friedrich Schinkel als Referenz, ist es ein etwas trutziger, sechsgeschossiger Monumentalbau geworden. Nicht in die Höhe,

in die Breite geht das Gebäude. Der Spitzname „liegender Wolkenkratzer" besänftigt vielleicht die Hochhausbefürworter. Die Fassade aus rotem Klinker wird gegliedert durch Pfeiler mit einem Sockel aus Muschelkalk. Gereicht hat es auch für ornamentale Terrakottareliefs, einige allegorische Plastiken, die zum Beispiel für Handel, Ackerbau oder Schifffahrt stehen, und heraldischen Schmuck in Gestalt von Adlern.
Heute nutzt die Senatsverwaltung für Gesundheit, Soziales und Verbraucherschutz das Gebäude. Der Nachfolger der Reichsschuldenverwaltung heißt mittlerweile Deutsche Finanzagentur – ein zeittypischer Euphemismus.

Demokratie als Bauherr
Die Reichsschuldenverwaltung ist nicht nur der erste Staatsbau der Weimarer Republik, sondern auch einer der letzten. Vor allem die schwierige Wirtschaftslage verhindert eine intensivere Bautätigkeit, die der Demokratie auch eine architektonische Gestalt hätte geben können. Realisiert wird der später im Krieg zerstörte Erweiterungsbau der Reichskanzlei in der Wilhelmstraße. Noch spannender ist die Idee eines Regierungsforums am Reichstag, die bis zum Ende der Weimarer Republik verfolgt wird. Auch Hans Poelzig und Peter Behrens beteiligten sich an den Plänen. Erst die neue Berliner Republik macht den Spreebogen zum Zentrum ihrer Hauptstadt.

TIPP: Die einstige Kassenhalle in der Mitte des Gebäudes der Reichsschuldenverwaltung war der einzige, reich geschmückte Raum der Behörde. Hier befindet sich heute die öffentlich zugängliche Kantine der Senatsverwaltung.

Oranienstraße 106
10969 Berlin

Mit den Groschen der Mitglieder • das Verbandshaus der Deutschen Buchdrucker

Der Verband der Deutschen Buchdrucker sorgt sich: „In der Provinz wird man uns Vorwürfe machen, dass die Berliner Kollegen ein Haus haben, das die Kollegen im Reich bezahlen müssen." Aber der Verband braucht eine zentrale Anlaufstelle und ein Arbeitshaus für die Mitglieder. Außerdem hat eine Leipziger Immobilie den Verband finanziell über die Inflation gerettet. Die Erhöhung des Mitgliederbeitrags um 20 Pfennige sei doch verkraftbar. Also beschließt der Verband nicht nur den Kauf eines Grundstücks in der Dudenstraße. Er beauftragt mit Max Taut einen angesehenen Architekten. Die Groschen der Mitglieder sollen es richten.

Taut und Gewerkschaften: das passt zusammen. Taut identifiziert sich mit der politischen Zielsetzung der Arbeiterverbände. Außerdem sucht er als einer der Hauptvertreter des Neuen Bauens sachliche und zweckorientierte Lösungen für seine Projekte. Nach dem Verwaltungsgebäude des Allgemeinen Deutschen Gewerkschaftsbundes in der Wallstraße ist dies nun sein zweiter Gewerkschaftsbau. Es ist die große Zeit der Gewerkschaften. Direkt nach dem Ende des Kaiserreichs als berufene Vertreter der Arbeiter anerkannt, werden sie staatstragend und fördern mit ihren Neubauten in Berlin bewusst die Architektur-Avantgarde.

Das Verbandshaus wird 1926 fertiggestellt. Taut übersetzt hier die berühmte „Kreuzberger Mischung" – Vorderhaus zum Wohnen, Hof und Hinterhaus zum Arbeiten – in die Moderne. Die Fassade zur Straße ist schlicht, ohne Schnörkel. Hier wohnen Verbandsmitglieder. Hinten dann Redaktionen, Druckerwerkstätten und Räume für Veranstaltungen und Ausstellungen. Hier entfaltet sich eine beeindruckende Farbigkeit, zum Beispiel im Treppenhaus mit den glasierten Keramikplatten. Drei Farben tauchen immer wieder auf: Schwarz, Rot, Gelb. Dies ist auch ein Bekenntnis zur Weimarer Republik. Die Presse und dann auch die Mitglieder in der Provinz sind begeistert von dem Gebäude, das als eigentlicher Beginn der Neuen Sachlichkeit gefeiert wird.

Mit der Besetzung der Gewerkschaftshäuser am 2. Mai 1933 endet die Phase der freien Gewerkschaften vorerst. Nach Kriegsende kommt das Haus wieder in Gewerkschaftsbesitz. Diese heißt heute allerdings Ver.di.

Dudenstraße 10
10965 Berlin

Grabanlage Erwin Reibedanz • ein Komet erblasst

Das wurde den Lebenden am Ort der Toten dann doch zu bunt: Ein goldener Komet mit einem Schweif in blaugrauen Tönen und einem strahlend blauen Korpus landete auf dem Alten Luisenstädtischen Friedhof an der Kreuzberger Bergmannstraße. Es war die Grabstele für den 1919 verstorbenen Großwäschereibesitzer Erwin Reibedanz. Errichtet hatte sie Max Taut, bevor er mit seinen Gewerkschafts- und Schulbauten bekannt wurde. Reibedanz war nicht nur Kunde von Taut, es gab auch verwandtschaftliche Verbindungen zu Tauts Büropartner Franz Hoffmann. Expressionistisch sollte nun die Grabstelle aus Muschelkalk werden: Der Komet steigt steil aufwärts, unten ein leicht zur Seite gekipptes Kreuz, oben der vielzackige Kopf. Ein rotes Rosenbeet ringsherum verstärkte die Farbenpracht. Unmittelbar nach Errichtung des Grabmals starteten die Proteste. Die Farbe musste ab. Der Grabstein bleibt aber auch so eines der außergewöhnlichsten Grabmäler Berlins. Ein Jahr später setzte Max Taut noch einen drauf: Die Grabstätte der Kaufmannsfamilie Wissinger ist eine expressionistische Raumskulptur mit gotisch anmutenden Spitzbogen. Allerdings befindet sich dieses Kunstwerk etwa 200 Meter von der Berliner Stadtgrenze entfernt auf dem Südwestkirchhof Stahnsdorf.

Südstern 8–10
10961 Berlin

Bahnhofstraße 2
14532 Stahnsdorf

Ein Kaufhaus der Superlative • Karstadt am Hermannplatz

„Das gigantische Werk ist vollendet!“ So steht es stolz auf den Werbeplakaten der Rudolf Karstadt AG. Es ist der 21. Juni 1929. Der Neuköllner Hermannplatz ist voll. Tausende Menschen warten auf den Moment, in dem das modernste Kaufhaus Europas seine Pforten öffnet. Kurz nach 16 Uhr ist es so weit – und die Begeisterung der Anwesenden kennt keine Grenzen. Es präsentiert sich ein Etablissement, das mehr Spektakel als Warenhaus ist. Doppelt so viel Fläche wie das berühmte KaDeWe. Eine Badeanstalt im Keller. Eine Dachterrasse mit grandiosem Blick über Berlin und täglich aufspielender Musikkapelle. 25 Rolltreppen, 4.000 Arbeitsplätze. Und zwei Türme mit Lichtsäulen, die 71 Meter hoch über Neukölln hinausragen. Die Fassade aus Muschelkalk strebt in den Himmel. Das Gebäude von Karstadt-Hausarchitekt Philipp Schaefer wirkt wie ein Raumschiff aus einer fernen Zukunft.

Gestaltungsentwurf Karstadt Hermannplatz

Nur ein kleiner Teil des südlicher Gebäudeflügels hat den Krieg überlebt. Dieser ist zwar deutlich höher als das heutige Karstadt-Gebäude aus dem Jahr 1951, aber längst nicht so hoch wie die alten Türme. Diese werden allerdings, wie auch der Rest des alten Kaufhauses, bald Wiederauferstehung feiern. Wenn sich Investor und Stadt gut vertragen.

Hermannplatz 5–10
10967 Berlin

Karstadt am Hermannplatz
während der Olympischen Spielen 1936.

Fest der Farben • die Bahnhöfe der U8

Cremefarben. Orangerot. Hellblau. Gelb. Hellgrün. Ein Fest der Farben. Die Fahrt mit der U-Bahnlinie 8 vom Wedding nach Neukölln ist ein besonderes Berliner Erlebnis. Achtet man statt auf die häufig schillernden, mitunter auch speziellen Fahrgäste auf die Kacheln der Bahnhöfe, dann sieht man die oben genannten Farben in den Bahnhöfen Bernauer Straße, Rosenthaler Platz, Weinmeisterstraße, Jannowitzbrücke und Moritzplatz. Diese Farben waren eine Idee des schwedischen Chefarchitekten der BVG, Alfred Grenander. Kennfarben nannte er sie. Zweck war zum einen tatsächlich, dem Fahrgast seine Station leichter kenntlich zu machen. Aber natürlich wirken sie auch ästhetisch.

Die Farbe als Gestaltungsmittel der U-Bahn hatte Grenander schon in der Kaiserzeit eingeführt. Nach der überwundenen Materialknappheit am Anfang der Weimarer Republik konnten die Manufakturen, unter ihnen auch Villeroy & Boch, wieder liefern. Für den Bau der Gesundbrunnen-Neuköllner Bahn ab 1926, der heutigen U8, wurden besonders viele Kacheln benötigt. Mit diesen schuf Grenander beeindruckende Farbräume. Manchmal verlaufen verwandte Farbräume aquarellartig ineinander wie in der Schönleinstraße. Oder die Struktur der Kacheln ist aufgrund der unterschiedlichen Glasurdicke reliefartig wie am Rosenthaler Platz. „Die Farbe ist wiedergeboren", so Bruno Taut 1925. Der „Meister des Tuschkastens" mit seinen farbigen Wohnsiedlungen hat in Alfred Grenander einen würdigen Konterpart im unterirdischen Berlin gefunden.

Moritzplatz
Jannowitzbrücke
Volta
Straße
Kottbusser Tor
Gesundbrunnen

Heinrich-Heine-Straße
Hermannplatz
Schönleinstraße
Leinestraße

1. Alexanderplatz – Behrensbauten
2. U-Bahnhof Alexanderplatz
3. Karstadt Verwaltungsgebäude
4. Kaufhaus Jonass & Co
5. Kino „Babylon"
6. Rote Apotheke
7. Stadtbad Mitte
8. Jüdische Mädchenschule
9. Chirurgische Pferdeklinik
10. Umspannwerk Buchhändlerhof
11. Mossehaus
12. Reichsschuldenverwaltung
13. Deutschlandhaus und Europahaus
14. Kathreinerhaus
15. Verbandshaus der Deutschen Buchdrucker
16. Grabanlage Erwin Reibedanz
17. Karstadt Hermannplatz

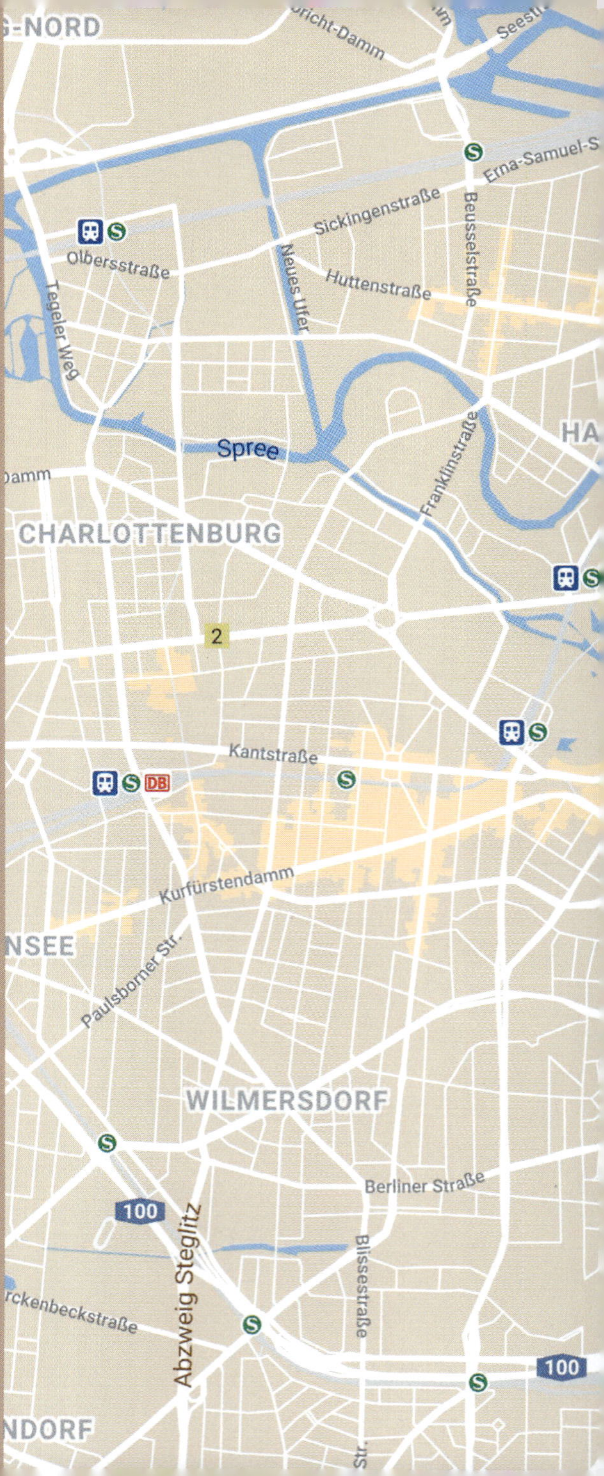

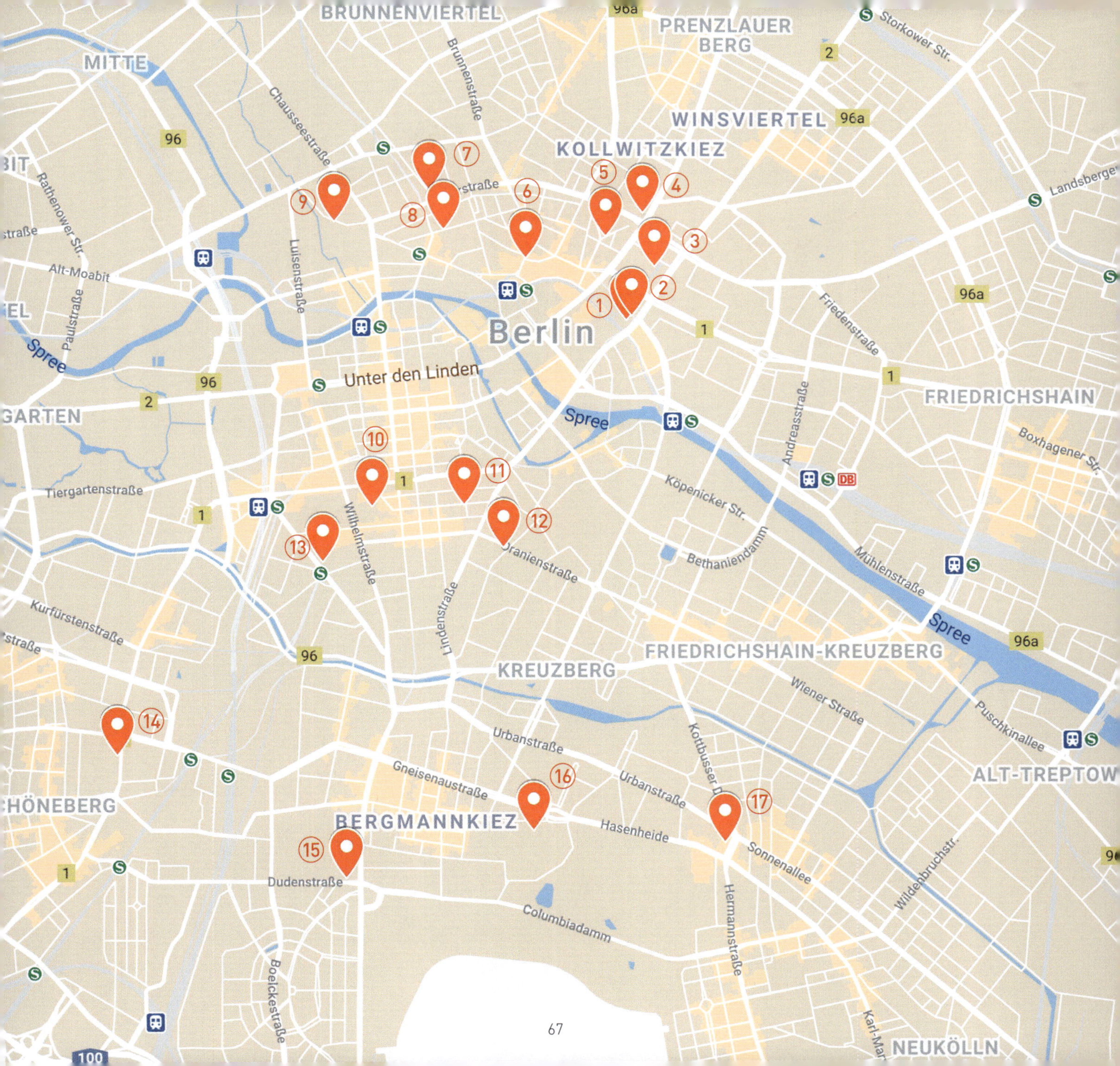
BRUNNENVIERTEL
PRENZLAUER BERG
MITTE
WINSVIERTEL
KOLLWITZKIEZ
Berlin
Unter den Linden
Spree
FRIEDRICHSHAIN
KREUZBERG
FRIEDRICHSHAIN-KREUZBERG
BERGMANNKIEZ
ALT-TREPTOW
NEUKÖLLN
Storkower Str.
Chausseestraße
Brunnenstraße
Rathenower Str.
Alt-Moabit
Paulstraße
Luisenstraße
Friedenstraße
Andreasstraße
Boxhagener Str.
Köpenicker Str.
Tiergartenstraße
Wilhelmstraße
Oranienstraße
Bethaniendamm
Mühlenstraße
Kurfürstenstraße
Lindenstraße
Wiener Straße
Puschkinallee
Urbanstraße
Gneisenaustraße
Hasenheide
Sonnenallee
Wildenbruchstr.
Dudenstraße
Columbiadamm
Hermannstraße
Boelckestraße
1
2
3
4
5
6
7
8
9
10
11
12
13
14
15
16
17

WESTEN

Wellen am Kanal • das Shell-Haus

Es ist eines der fotogensten Gebäude der Stadt. Aber fast hätten Anwohner den Bau dieser Ikone der Moderne verhindert. Und einige Jahre nach Fertigstellung wäre es beinahe wieder abgerissen worden: das Shell-Haus am Landwehrkanal.
Die Rhenania-Ossag Mineralölwerke AG will in Berlin eine repräsentative Dependance errichten. Die gewählte Lage ist attraktiv: am Reichpietschufer, unweit vom Zentrum der Macht in der Wilhelmstraße und fast direkt am geschäftigen Potsdamer Platz. Da das Grundstück begrenzt und unpraktisch geschnitten ist, muss in die Höhe gebaut werden. Allerdings hat die Rhenania nicht mit dem Protest der Anwohner gerechnet. Im idyllischen Tiergartenviertel überwiegen Villen. Die Anwohner sorgen sich, dass der Charakter als nobles und ruhiges Wohnviertel verloren geht. Bisher gibt es kaum Verkehr, wenig Geschäftsadressen und noch weniger Gebäude, die in ihrer Höhe die großbürgerlichen Villen überragen. Ein Haus im Schatten eines Hochhauses: Das ist Verlust von Lebensqualität. „Ich halte es für durchaus unangebracht und es wäre doch außerordentlich bedauerlich, wenn selbst im Tiergartenviertel solche Wolkenkratzer entstehen würden", so äußert sich ein Anwohner über die „Verschandlung des wunderbaren Viertels". Schnell springt die Presse auf: „Im Tiergartenviertel keine Hochhäuser", titelt am 22. April 1929 die ‚B.Z.' Der Protest von Anwohnern und Presse hat keinen Erfolg. Die grundsätzliche Baugenehmigung erfolgt Anfang 1930. Für den Architekten Emil Fahrenkamp, gebürtiger Rheinländer wie der Auftraggeber, wird es jetzt nicht einfacher. Die Baubehörde stellt sich plötzlich stur. 324 Besuche bei den Behörden habe er machen müssen, so Fahrenkamp. Es fehlt anscheinend das Verständnis für eine solch gewagte Architektur.
Aber schließlich kann Fahrenkamp die Beamten überzeugen. Dank der modernen Stahlskelettkonstruktion geht der Bau schnell voran. 1932 strahlt der orangene Schriftzug der Shell AG, inzwischen Mutterfirma der Rhenania, über dem Eingang. Natürlich mitsamt Firmensignet, der Muschel. Maritim ist auch das ganze Gebäude: Wie eine einzige große Welle schlängelt sich die geschwungene Fassade das Reichpietschufer entlang. Von fünf Stockwerken schwingt sich diese bewegte Architektur bis zu zehn Stockwerken hoch. Dynamisch, stromlinienförmig – so eine Fassade hat Berlin bisher noch nicht gesehen. Hinzu kommt der edle Travertin, ein heller und poröser Sandstein, als äußeres Baumaterial. Jetzt feiert auch die Presse das Gebäude! Und Fahrenkamp übt sich in rheinischer Zurückhaltung: „Das Shell-Haus ist ein Bauwerk von höchst eigenem Reiz, das sich dem Beschauer sofort und dauerhaft einprägt."

Dabei ist die euphorisch bejubelte Fassade eigentlich nur ein Kompromiss. Fahrenkamp hatte mit dem problematischen Grundstückszuschnitt zu kämpfen. Er musste aus dem schräg verlaufenden Bereich die maximale Nutzungsfläche rausholen und trotzdem repräsentativ und monumental bauen. Aus einem Manko ein Signum machen, das ist Fahrenkamps Bravourstück. In Anbetracht der eher konservativen Gebäude, die er vor und nach dem Shell-Haus gebaut hat, ist dies quasi ein meisterlicher Ausrutscher. Aber schon bald nach der Eröffnung steht das Shell-Haus kurz vor dem Abriss. Generalbauinspektor Albert Speer plant die „Welthauptstadt Germania". Die Rhenania will mitspielen und wünscht einen repräsentativen Platz an der gigantischen Nord-Süd-Achse. Speer stimmt zu, und die Rhenania schickt 1939 ein offizielles Schreiben an den Berliner Bürgermeister mit der Bitte um Abrissgenehmigung. Dazu kommt es nicht: Der Krieg verhindert den Abriss. Und das Shell-Haus übersteht den Krieg, allerdings stark lädiert. Die weitere Nutzungsgeschichte: Mit der BEWAG und der GASAG sind mehrere Jahrzehnte ebenfalls Energieunternehmen Hausherren. Heute hat das Bundesministerium der Verteidigung die Schlüssel.
Seit der Grundsanierung in den 1990er Jahren ist das Gebäude von außen fast noch schöner als zur Eröffnung. Für die Erneuerung der cremefarbenen Travertinplatten wurde der italienische Steinbruch in der Nähe Roms extra wieder geöffnet. Sogar die von Fahrenkamp gewünschten Bronzefenster, damals aus Kostengründen gestrichen, konnten nun eingebaut werden. Manchmal dauert es in Berlin eine Weile, bis etwas wirklich fertig ist. Und bei einem der schönsten Gebäude der Stadt ist das auch gut so.

Reichpietschufer 60–62
10785 Berlin

Es fehlte an Barfrauen …
Das „Haus Nürnberg“ und der „Femina“-Palast

„Nur nicht schüchtern! Rufe an! – Ob sie Dich mag, erfährst Du dann." Diese direkte Aufforderung zur Kontaktaufnahme stammt aus dem „Femina"-Palast in der Nürnberger Straße. Die Tischtelefone und die Rohrpost schnarrten und ratterten hier im Minutentakt. Aber nicht nur deswegen galt der „Femina"-Palast als eines der modernsten Vergnügungsetablissements der Stadt. Das gläserne Dach des großen Ballsaales ließ sich hydraulisch öffnen. Unter dem Berliner Sternenhimmel plaudern, feiern, tanzen – und das mitten in der Innenstadt! Ob die nächtliche Festbeleuchtung der Lichterstadt Berlin noch viele Sterne erkennen ließ, ist nicht bekannt. Aber punkten konnte das „Femina" mit dieser Sensation auf jeden Fall. Allerdings bemerkte die Presse kritisch zur Eröffnung: „Man sieht deutlich, dass es für die vielen neuen Bars in Berlin am wichtigsten fehlt: den Barfrauen. Man sollte neue Bars erst aufmachen, wenn zu ihrer Bedienung auch die nötige Anzahl hübscher und interessanter Frauen zur Verfügung steht."
Eröffnet wurde das „Femina" am 1. Oktober 1929. Die Fertigstellung des gesamten Gebäudekomplexes in der Nürnberger Straße, daher auch der Name "Haus Nürnberg", sollte noch drei weitere Jahre dauern. Mal wieder bezeichnend für Berlin, dass das Nachtleben den Startpunkt setzte. Später wurde ein Großteil des Gebäudes als Bürohaus genutzt.
Über fast 200 Meter zieht sich das „Haus Nürnberg" die Straße entlang. Es ist eine der auffälligsten und schönsten Schauseiten Berlins. Die abgerundeten Erker bzw. Treppenhaustürme verstärken die dynamische Wirkung der langgestreckten Fassade. Das Baumaterial Travertin und die Messingrahmen der hohen Schaufenster und Eingänge stehen für den vornehmen Charakter des Gebäudes.

Die Architekten Richard Bielenberg und Josef Moser waren schon lange vor dem Ersten Weltkrieg ein produktives und erfolgreiches Duo. Gerade planten sie den Baus des Europahauses. Und ähnlich wie beim Europahaus verbanden die Berliner auch das „Haus Nürnberg" mit dem lebendigen Nachtleben der Stadt. Allerdings war das „Femina" im Berliner Westen, wo es in direkter Nachbarschaft von Konkurrenten nur so wimmelte, kein Selbstläufer. Eine Reichsmark Eintritt, eine Flasche Henkell-Sekt für 14 Mark und Bier nur im Rang: Das war auch für damalige Zeiten hochpreisig und abgehoben. Und daher verwundern die Betreiberwechsel und auch eine längere Schließphase nicht. 1942 musste das Vergnügungsetablissment kriegsbedingt schließen.

Der große Ballsaal überlebte den Zweite Weltkrieg nicht. Aber mit Musik, Tanz und Entertainment ging es im „Haus Nürnberg" trotzdem weiter. Ella Fitzgerald und Duke Ellington traten in der „Badewanne" auf. Das Kabarett „Die Stachelschweine" feierte hier seine ersten Erfolge. Und schließlich wurde der „Dschungel" die Stammdiskothek von David Bowie. Rio Reiser, Nick Cave, Mick Jagger und Prince tanzten mit.

Heute geht es etwas ruhiger zu. Seit 2007 steht das Haus als Hotel „Ellington" den Berlin-Besuchern offen. Innen kann man sich dann überzeugen, wie der Charme der Zeit mit bemerkenswerten Details erhalten geblieben ist. Das Foyer mit seinen hohen Glastüren, die cremeweißen und die grünen Wandkacheln, die Treppenhäuser mit ihren schön gearbeiteten Treppenhandläufen aus Messing und mit Stuckornamenten an den Decken sowie einige vergoldete Schriftzüge: All das hat den Krieg, im Gegensatz zum „Femina"-Palast, überlebt. Nur das Hotel musste vor kurzem nach fünfzehn Jahren Betrieb zur Trauer vieler Berlin-Besucher wieder schließen. Auch die Berliner waren dankbare und gern gesehene Gäste bei den Jazz-Brunches, Konzerten und Lesungen. Es ist zu hoffen, dass die neuen Eigentümer, in deren Portfolio sich auch das KaDeWe befindet, ein wenig Glanz vom berühmten Nachbarn herüberstrahlen lassen. Ein weiteres reines Büro- und Shopping-Gebäude in diesem Schmuckstück wäre traurig.

Nürnberger Straße 50–55
10789 Berlin

Großer Spaß für eine Mark Lustbarkeitssteuer • der Tanzpalast „Delphi"

„Es ist alles da, was eine verwöhnte Großstadtmenschheit über die Langeweile einer Nacht hinwegführen kann." So steht es in dem ‚Führer durch das lasterhafte Berlin' von Curt Moreck (Pseudonym von Konrad Haemmerling), dem Experten des Berliner Nachtlebens der Weimarer Republik. Der Tanzpalast „Delphi" macht es auf einer Werbepostkarte noch deutlicher: „Willkommen in der schönsten Vergnügungsstätte Europas!"

Tatsächlich ist das „Delphi" in der Kantstraße seit seiner Eröffnung 1928 einer der beliebtesten Orte für das Tanzvergnügen im „Neuen Westen". Und dieses Vergnügen fängt schon am Nachmittag an, draußen, wenn das Wetter mitspielt. „Delphi" steht groß am Eingang zu den eigenen Terrassen. Zwischen zwei Säulen mit einer nachgebildeten goldenen Flamme geht man die Treppe hinauf und schon ist man umgeben von Palmen und anderen exotischen Pflanzen. Vier liegende Sphinxe mit angedeuteten Hieroglyphen bewachen die Seite zur Fasanenstraße, weitere thronen hoch oben auf dem Dach und schauen Richtung Osten und Westen. Ein bisschen Ägypten, ein bisschen Griechenland: Hauptsache exotisch. Stühle und Tische laden zum Verweilen ein. Aber schon spielt die Kapelle auf, unter der überdachten Bühne zeigen sich die ersten Tanzpaare.

Dann geht es hinein. Eine Mark „Lustbarkeitssteuer" ist am Eingang zu zahlen, aber dafür kann man zur Eröffnung Großartiges erleben, wie in der Zeitung zu lesen ist: „Ein pechschwarzer Sohn aus dem schwärzesten Urlande der Niggertänze wirft seine gelenkigen Glieder exzentrisch in die Tanzarena." Heute liest man diesen Satz mit Befremden und Entsetzen. Beschwerden konnten damals per Tischtelefon aufgegeben werden. Wobei dieses moderne Kommunikationsinstrument eher zum Flirten gedacht war. Oder zum Anrufen des Orakels von Delphi?

Wenn man seinen Blick von der Tanzfläche wendet, dann sieht man Säulen, Putten, Skulpturen und pseudoantiken

Wandschmuck wie in einem griechischen Tempel. Ein Tempel mit scheinbar offenem Dach, denn von der Decke des großen Tanzsaals strahlt ein Sternenhimmel. Für diese Beleuchtungskonstruktion hat der Architekt sogar ein Patent angemeldet.

Bernhard Sehring kennt sich in dieser Ecke gut aus. Das Nachbargebäude, das Theater des Westens, hat er ebenfalls gebaut, allerdings dreißig Jahre früher. Das Theater beeindruckt mit einer imposanten und reich dekorierten Fassade und im hinteren Teil mit mittelalterlich anmutenden Zinnen und Türmen. Dagegen ist das „Delphi" eher eine Reise in eine antik-exotische Fantasiewelt.

Swing-Mekka an der Kantstraße, so wird das „Delphi" in den 1930er Jahren genannt. Denn die eigentliche Blütezeit kommt tatsächlich später. Im Jahr 1936, als Berlin während der Olympischen Spiele sich scheinbar weltoffen präsentiert, erlebt hier ein junger Musiker seinen Durchbruch: Teddy Stauffer und seine Original Teddies. 1929 nach Berlin gekommen, stößt er in die Lücke, die die zahlreichen vertriebenen jüdischen Musiker hinterlassen haben. Und begeistert schreibt er: „Der Delphi-Palast an der Kantstraße war nachmittags und abends überfüllt. Meistens drängten sich auf der Straße noch Hunderte, die keinen Einlass mehr fanden."

Dann kommt der Krieg, das Gebäude liegt in Trümmern. Aber aus der Ruine entsteht etwas Neues, Großartiges, das bis heute Bestand hat: der „Delphi-Filmpalast". Das Äußere wirkt übrigens etwas nüchterner und sachlicher als zu der Zeit, in der sich der Swing in Berlin ausbreitete. Aber innen überzeugt der Bau als eines der schönsten Programmkinos Berlins. Und auch Musik gibt es hier wieder zu hören – in einem der feinsten Jazzclubs Berlins, dem „Quasimodo". Die Sphinxe sind übrigens geblieben und wachen heute noch am Eingang zum Kino.

DELPHI
FILMPALAST AM ZOO

Der dienstälteste Kinobetreiber

Mit 102 Jahren stirbt 2009 der damals dienstälteste Betreiber eines Kinos. Walter Jonigkeit war eine Institution in der Berliner Kinolandschaft. Sein erstes Kino eröffnete er 1932 mit der „Kamera unter den Linden". Nach dem Krieg baute er aus den Trümmern des Tanzlokals „Delphi-Palast" das Kino mit der damals größten Leinwand und der modernsten Ausstattung in Berlin. 1952 wurde das „Delphi" Austragungsort der Berlinale. Auch die Zeiten des Kinosterbens überlebte das „Delphi" und zählt heute zu den ältesten Kinos Berlins. Bis kurz vor seinem Tod sah Jonigkeit fast täglich nach dem Rechten in seinem Filmpalast.

TIPP: Es tanzt nicht nur der Bär in Berlin

899 Spielstätten in Berlin verfügen 1930 über eine „Lizenz zum Tanzen". Die Berliner sind tanzwütig. Nachtmittags startet die Bewegung mit den Tanztees in den Hotels, danach geht es in die Ballsäle, die großen Tanzpaläste oder die unzähligen kleinen Kellerkaschemmen. Nur wenige Ballsäle sind erhalten geblieben. In dem bekanntesten seiner Gattung, dem „Clärchens", darf man nach der Sanierung wieder einen Schwof wagen. Das einzige Ballhaus mit original erhaltenen Tischtelefonen ist das „Ballhaus Berlin" in der Chausseestraße. Beide sind übrigens schon vor dem Ersten Weltkrieg entstanden, als der Tango das sittenstrenge Kaiserreich erhitzte.

Kantstraße 12A
10623 Berlin

Ein Schmuckkästchen öffnet sich - das Renaissance-Theater

„Schmuckkästchen in der Hardenbergstraße" wird das Renaissance-Theater auch genannt. Nicht nur beim Öffnen leuchtet dieses Schmuckkästchen. Auch geschlossen, von außen, zeigt es seine Schätze. Allerdings erst nach Einbruch der Dunkelheit. Dann gehen die Lichter an und ein besonderer Zauber entfaltet sich. Blau, grün, gelb – in verschiedenen Farben erstrahlen die Fenster des halbrunden Vorbaus und locken Besucher an. Geht man hinein, wird schnell klar: Man ist keinem Anreißer aufgesessen. Hinter der Fassade des Zaubertheaters verbergen sich wunderschöne Innenräume.
Von außen lässt der Dreiecksbau, ohne nächtlichen Lichterzauber, zunächst keinen Theaterbau vermuten. Entstanden ist das Gebäude 1902 als Vereinshaus einer Studentenverbindung mit öffentlicher Gastronomie und Mieträumen. Allerdings ohne wirtschaftlichen Erfolg.

1919 folgte ein Kino, damals so etwas wie ein Selbstläufer. Aber schon drei Jahre später kam es dann zu der recht ungewöhnlichen Umwidmung vom Lichtspielhaus zum Theater. Zunächst allerdings ein Theater der Kategorie Holzklasse. Bis der große Theaterzauberer zum Zuge kam: Oskar Kaufmann. Vier Theater hatte der in Ungarn geborene Architekt bis dahin allein in Berlin gebaut, darunter die Volksbühne am heutigen Rosa-Luxemburg Platz und das Hebbel-Theater in der Stresemannstraße. Hier war es zwar „nur" ein Umbau, aber ein schwieriger. Es fehlte vor allem an Platz. Kaufmann gelang es, den Zuschauerraum zu erweitern, einen halbrunden Rangbalkon einzubauen und den Vorbau für Kasse und Foyerbereich vor das Gebäude zu setzen.

Am 8. Januar 1927 ging im umgebauten Theater erstmals der Vorhang auf. Aber schon vorher dürften die Theaterbesucher verzaubert gewesen sein, wie Zeitungsartikel über das „Feenschlösschen" vermuten lassen. Denn überall im Hause finden sich schmuckvolle Verzierungen, verspielte Details, verblüffende Formen an Wänden, Treppen, Türen, Leuchtkörpern. Und dazu die Farben und die Materialien: goldgelbe Seide an den Wänden in den Wandelgängen, schmiedeeisernes Gitterwerk im Art-déco-Stil, der Vorraum zu den Toiletten als orientalisches Zelt in Blau. Verschwenderische Fülle – und man ist noch nicht mal im eigentlichen Herzstück des Gebäudes. Der Theaterraum: Als säße man in einer kostbaren Stradivari aus Rotfichte. Beim Blick nach hinten wird die Bühne automatisch zum Nebenschauplatz. Denn hier, auf der Rückwand des Rangbalkons, geht es um Verführung, Intrige, Verwirrung, Eifersucht, Entführung und schließlich tödliches Duell. Alles, was zur Commedia dell'Arte dazugehört.

Der Künstler Cesar Klein hat dieses Intarsienwandbild mit vielen kostbaren Materialien gestaltet. Dass es – wie auch das gesamte Theater – den Zweiten Weltkrieg überstanden hat, ist ein kleines Wunder.
Eigentlich schwamm Kaufmann mit seinem Bau gegen den Zeitgeist. Verfechter der sachlichen und nüchternen Moderne, die Stuck und unnützen Zierrat verachteten, dürften an seinem expressionistischen Rokoko, wie er selbst es nannte, kaum Freude gehabt haben. Aber das letzte Werk von Kaufmann vor seiner Emigration ist heute das einzige in seiner Originalausstattung erhaltene Art-déco-Theater Europas.
Was das Theater nicht bieten kann, ist Platz. Mit vierhundert Plätzen ist es eines der intimeren Berliner Theater. Für aufwendige Bühnenbilder ist nicht genug Raum. Hinter der Bühne befindet sich keine Hinterbühne, sondern so gut wie nichts. Daher ist es eher ein Theater für Kammerspiele und damit ein wahres Schauspieltheater. Und da, wo früher Bühnenlegenden wie Tilla Durieux, Friedrich Hollaender und Theo Lingen oder später Judy Winter und Mario Adorf gefeiert wurden, werden sicher auch in Zukunft wieder Schauspieler und natürlich das Gebäude selbst Zauber verbreiten.

TIPP: Regelmäßige Führungen durch das Renaissance-Theater erlauben einen Blick hinter die Kulissen. Neben spannenden Informationen zur Geschichte des Hauses von seiner Gründung bis heute werden einige faszinierende architektonische Details vor, auf und hinter der Bühne gezeigt.

Knesebeckstraße 100
10623 Berlin

Feinstes Bitteres im Bauhaus-Stil • die Schokoladenmanufaktur Erich Hamann

„Wer Bitteres sucht, wird hier Feinstes finden." Mit diesem Slogan warb der Chocolatier Erich Hamann in der Kaiserzeit. Bittere Schokolade und Borkenschokolade waren seine Spezialitäten. In der Brandenburgischen Straße in Wilmersdorf wohnen, produzieren und verkaufen die Hamanns heute noch, seit inzwischen fast 100 Jahren.
Das Aushängeschild war der Verkaufsraum. Und hier gelang Hamann ein Coup, der dem Laden auch heute immer wieder Besucher beschert, die es gar nicht auf seine Schokolade abgesehen haben. Die Inneneinrichtung wurde nämlich von einem Bauhaus-Künstler gestaltet und ist im Originalzustand erhalten geblieben. Johannes Itten heißt der Designer. Bauhaus-Gründer Walter Gropius hatte den Schweizer Maler zu sich nach Weimar geholt. Dort entwickelte Itten den berühmt-berüchtigten „Vorkurs". Gekleidet in einen bizarren Malkittel, als Anhänger der Mazdaznan-Sekte das Image eines glatzköpfigen Gurus pflegend, zog Itten viele Schüler mit unkonventionellen Lehrmethoden in seinen Bann. Etwas zu viel Exzentrik, nicht nur für Walter Gropius. Es kam immer wieder zum Streit, 1923 musste Itten das Bauhaus verlassen. In Berlin baute er seine eigene Schule auf, nur einen Steinwurf von Hamanns Manufaktur entfernt. Der Sport brachte die begeisterten Segler zusammen. Schnell kam man über das Private zum Geschäftlichen: Itten gestaltete das Herzstück des neuen Schokoladenhauses in der Brandenburgischen Straße. Die Fassade ist schnörkellos. Aber innen wird der Besucher fast magisch angezogen von der erlesenen Vertäfelung des Tresens. Sind es exotische Vögel, die einen anschauen? Oder sogar Zimtflocken? Vogelaugenahorn heißt diese besondere Variante des Ahorns. Eigentlich ist es ein Fehlwuchs, wahrscheinlich durch einen Pilz ausgelöst. Aber die Maserung des Holzes erzeugt faszinierende Effekte und wirkt edel. Passend dazu: die Pendelleuchten mit Opalkugel, schon in den 1920er Jahren ein Klassiker. Wie die Ausstattung des Ladens ist ein Großteil des Verpackungsdesigns seit fast hundert Jahren unverändert. Sogar eine alte Walze für die Borkenschokolade funktioniert immer noch. So findet der Gast hier nicht nur edles Bauhaus, sondern auch feinstes Bitteres.

Süßes Berlin

Schokoladenduft liegt in der Luft – nicht nur in der Brandenburgischen Straße. Die Kaiserzeit ist auch die „Schokoladengründerzeit": Seit 1880 kommt Schokolode in Berlin vom königlichen Hoflieferanten Sawade; 1912 folgt Hamann, 1915 die Walter-Schokoladen, und im Jahr 1918 gründet sich die Rausch Privat-Confiserie. Zu dieser Zeit verfügt Sarotti in Tempelhof schon länger über eine große Schokoladenfabrik. In der Weimarer Republik kommen dann auch die Freunde von Fruchtgummis auf ihre Kosten. Alfred Seliger bringt 1921 mit den weißen Schaumstoffmäusen einen Klassiker auf den Markt, ein Jahr vor den Gummibärchen von Haribo, die in Bonn das Licht der Welt erblicken. Und: Alle diese Marken sind heute noch aktiv und in den Regalen ausgewählter Geschäfte zu finden.

Brandenburgische Straße 17
10707 Berlin

Kein Rokokoschloss • der WOGA-Komplex

Architekt Erich Mendelsohn macht zur Einweihung 1928 eine klare Ansage: „Kein Rokokoschloss für Buster Keaton. Keine Stucktorten für Potemkin." Das neue „Universum"-Kino am oberen Ende des Ku'damms soll anders sein als die plüschigen und historisierenden Kinopaläste in der Umgebung. „Anders" bedeutet bei Mendelsohn: entschieden modern und avantgardistisch. So wird das „Universum" mit seiner geschwungenen Front zur Straße ein echter Hingucker. Und weckt Assoziationen: Erinnert das langgezogene Fensterband nicht an einen Zelluloidstreifen? Ragt der Belüftungsturm nicht wie ein Filmprojektor aus dem Gebäude? 1.791 Plätze bietet das „Universum" als eines der größten Lichtspielhäuser der Stadt, auch die Technik ist auf dem neuesten Stand.

Das Kino dient als Aushängeschild eines größeren Komplexes mit Ladenzeilen, Kabarett, Café und vor allem natürlich Wohnungen. Die Wohnungs-Grundstücks-Verwertungs-Aktiengesellschaft, kurz WOGA, ist verantwortlich für dieses wertvolle Stück Boden am Ende der Luxusmeile Kurfürstendamm. Eigentümer des Grundstücks ist der Inhaber des Mosse-Verlags, Hans Lachmann-Mosse. Daher verwundert es nicht, dass er als Architekten einen alten Bekannten hinzuzieht: Erich Mendelsohn, dessen Umbau des Mosse-Verlagshauses so viel Begeisterung hervorgerufen hat. Zusammen mit dem Architekten Jürgen Bachmann entwickelt er eine architektonisch anspruchsvolle Wohnanlage für gehobene Ansprüche. Auch hier kein Rokoko und Stuck, sondern Neue Sachlichkeit mit einigen schönen Gestaltungsmitteln wie den wellenförmigen Balkonen und den halbkreisförmigen Erkertürmen des Hauses in der Cicerostraße. Erwähnenswert und innovativ: die Wechselsprechanlage an den Türen.

Geldmaschine der Anlage soll ein Hotel werden, mit direktem Verbindungsgang zum Kino. Die Wirtschaftskrise senkt die Ansprüche, aber ein Apartmenthaus bringt auch Geld. Dahinter befinden sich die Seitenflügel mit weiteren Wohnungen und vor allem: mit Garagen! Der Besitz eines Automobils war damals noch Luxus, daher sprechen die Wohnungen eher eine betuchte Klientel an. Auch Tennis ist noch kein Massensport. Und tatsächlich platziert Mendelsohn vier Tennisplätze ins Herzstück der Anlage, die man stundenweise mieten kann. Hier finden prominente

Tennismatches statt. Vielleicht schwingen Erich Kästner und der russische Schriftsteller Vladimir Nabokov sogar gemeinsam die Schläger. Erich Kästner hat mit dem „Café Leon" vorne am Ku'damm sein Stammetablissement. Hier, in seinem Homeoffice, arbeitet er, trifft Freunde wie Geschäftspartner und sagt selbst: „Ich sitze viel im Café Leon, um braun zu werden." Daneben komplettiert das „Kabarett der Komiker", für das auch Kästner Texte schreibt, die Stadt in der Stadt.

Die Wohnhäuser sind im Zweiten Weltkrieg nur geringfügig beschädigt worden. Schwerer hat es das Kino getroffen. Vereinfacht wiederaufgebaut, hat es heute einen anderen, ebenfalls kulturellen Nutzen. Seit 1981 begeistert die Schaubühne das Theaterpublikum der Stadt. Die überwucherten Tennisplätze sind noch zu erkennen, aber hier scharrt bereits ein Investor mit seinen Hufen. Noch schlechter hat es das „Café Leon" sowie das „Kabarett der Komiker" getroffen. Ob eine Spielothek Erich Kästners Schreibkünste gebrauchen und ein Fitnessstudio ihm ein neuer Stammplatz sein könnte, ist zu bezweifeln. Aber das ist der Berliner Alltag. Daher am Ende noch einmal Erich Mendelsohns Worte zur Eröffnung des „Universums": „Wirkliches Leben ist echt, einfach und wahr. Deshalb keine Pose, keine Rührmätzchen."

Kinoboom

In der Weimarer Republik erlebt das Kino einen Boom. Vor der Geburt des Fernsehens ist der Film das Massenmedium. Pro Tag pilgern in Deutschland etwa zwei Millionen Menschen in die Lichtspielhäuser. Natürlich gibt es in Berlin die meisten und die größten davon. Kinos mit mehr als 1.000 Plätzen sind keine Seltenheit. Viele von ihnen haben wohlklingende und exotische Namen wie „Titania", „Gloria", „Colosseum", „Babylon", „Alhambra", „Apollo" oder eben „Universum". Und die meisten befinden sich rund um den Ku'damm, den Berliner Broadway. Der Boom ist lange vorbei, kaum ein Kino hat überlebt.

Kurfürstendamm 153
10709 Berlin

ohne Jahr

Ein Hexenhäuschen im Volkspark • das Parkwächterhaus Lietzensee

„Knusper, knusper, knäuschen, wer knuspert an meinem Häuschen ..." Mitten im Lietzenseepark steht ein Hexenhaus. Das romantische, efeuberankte Parkwächterhaus mit Spitzdach, viel Holz und roten Klinkersäulen ist das Schmuckstück des Parks. Wie auch der ganze Park ein Kleinod darstellt, geplant vom Architekten und Charlottenburger Gartendirektor Erwin Barth, der auch den Volkspark Jungfernheide gestaltete. Dabei hätte es auch anders kommen können: Die Stadt Charlottenburg wollte, noch vor ihrer Eingemeindung nach Groß-Berlin im Jahre 1920, die Grundstücke rund um den See verkaufen. Die Parzellen waren schon abgesteckt, allein: Es fehlten die Käufer. Denn kurz nach dem Ende des Ersten Weltkrieges saß das Geld nicht gerade locker. So behielt die Stadt die Grundstücke, und der Park konnte entstehen. Der Architekt Rudolf Walter baute das Parkwächterhaus im sogenannten Heimatstil. Der Parkwächter wohnte hier, und im unteren Gebäudeteil befanden sich öffentliche Toiletten sowie eine Verkaufsstelle für Milch und Mineralwasser – und befinden sich hoffentlich bald wieder dort: Denn der gemeinnützige Verein Parkhaus Lietzensee e. V. ist seit mehreren Jahren fleißig dabei, das heruntergekommene Haus denkmalgerecht zu sanieren.

Wundtstraße 39
14057 Berlin

Ein Postillion reitet auf der Welt • die Oberpostdirektion

Auf dem ehemaligen Reichspostamt in der Leipziger Straße schultern drei Giganten eine riesige Weltkugel. Im Erdgeschoss der Postdirektion in Charlottenburg befindet sich dagegen eine deutlich kleinere Weltkugel – ein neckischer, bunter Postillion reitet auf ihr. Der weltumfassende Anspruch der kaiserlichen Reichspost wurde nach 1918 ein wenig zurechtgestutzt. Aber das Selbstbewusstsein und das Repräsentationsbedürfnis waren weiterhin groß. So dienten die Postgebäude und die Postämter als steinerne Visitenkarten. Auch in der Weimarer Republik gab es einige Neubauten. Stilistisch lief man dem Zeitgeist etwas hinterher und blieb überwiegend dem Expressionismus verhaftet, das Neue Bauen war kaum Thema. So auch bei der Oberpostdirektion in der Dernburger Straße. Der Koloss, für fast tausend Mitarbeiter errichtet, wirkt wie ein Fremdkörper in dem ruhigen Wohngebiet am Lietzensee. Oberpostbaurat Willy Hofmann schuf hier ein Meisterwerk des Expressionismus, trotz dreijähriger Verzögerung am Bau aufgrund der Inflationsjahre. Prägnant ist vor allem der Kontrast der weißen Fassade zu den dunklen Terrakottasteinen für Fensterumfassungen, Gesimse und Gebäudekanten. Der Präsident der Oberpostdirektion bekam noch einen Erweiterungsbau mit Zinnen obendrauf.

Dernburgstraße 48
14057 Berlin

Sturm wird kommen, der Turm wird stehn ... Der Funkturm

Die Handwerker am Funkturm arbeiten unermüdlich an diesem Spätsommertag im Jahr 1929. Nur noch ein paar letzte Aufgaben stehen an, dann ist der Funkturm bereit für die feierliche Einweihung. Plötzlich fällt einem Klempner glühende Holzkohle aus dem Kohlefeuer. Die Glut gelangt auf das Dach des Funkturmrestaurants, der Wind entfacht rasch ein Feuer – das schützende Zink auf der Holzkonstruktion fehlt noch. Steht eine Katastrophe bevor? Die Handwerker schaffen es schnell, sechs Feuerlöscher zu organisieren. Noch bevor die Feuerwehr eintrifft, sind die Flammen erstickt, ein Desaster wird verhindert.

Vier Tage nach dem Schreckmoment: Die letzten Klänge von Beethovens „Leonoren"-Ouvertüre sind verklungen und der Rundfunk-Pionier Hans Bredow tritt auf die Bühne des Hauses der Funkindustrie. „Im neuen Berlin im Berliner Wind / Das allerjüngste Berliner Kind! / Berliner Jahre werden gehn: / Sturm wird kommen, der Turm wird stehn!" Feierliche Worte richtet er an das erwartungsvolle Festpublikum. Es ist der 3. September 1926. Die dritte Große Deutsche Funkausstellung wird eröffnet und gleichzeitig der Funkturm als Sendeturm für den Rundfunk eingeweiht. Ein neues Wahrzeichen ist geboren.

Als „Siegessäule des Westens", „Eiserner Roland des neuen Berlins" und später „Langer Lulatsch" bezeichnen die Berliner den damals mit 146,7 Metern höchsten Turm der Stadt.

Und bringt er nicht auch ein wenig Pariser Grandesse nach Berlin? Allerdings reicht seine Größe bei weitem nicht an den Eiffelturm heran. Mehr als doppelt so hoch und sechzehnmal so schwer ist das Pariser Pendant. Das bedeutet aber auch, dass der Funkturm schlanker, filigraner, eleganter ist. Architekt Heinrich Straumer und die beteiligten Ingenieure betreten bei dem Bau immer wieder technisches Neuland, so mit dem Fahrstuhl, der die Besucher bis in eine Höhe von 123 Metern bringt. Allerdings haben die Beteiligten auch permanent gegen den Kostendruck zu kämpfen. Bei einem Detail wird nicht gespart: Kaukasisches Nussholz und andere edle Hölzer darf der Wiener Künstler Victor Lurje für die Gestaltung des Restaurants verwenden. Das Aussichtsrestaurant ist das Schmuckstück des Funkturms. Und tatsächlich strömen schon kurz nach der Eröffnung die Massen, der Funkturm wird eine der beliebtesten Sehenswürdigkeiten der Stadt. Zugleich ist er ein Symbol des Fortschritts und der technikbegeisterten Moderne. Von hier zeigt der Berliner Sender Witzleben 1929 die ersten, noch tonlosen Fernsehbilder aus Deutschland – ein weiterer, damals aber noch kaum beachteter Meilenstein der Technikgeschichte.

Den Zweiten Weltkrieg übersteht der Funkturm knapp, nur noch auf dreien seiner vier Stahlbeine stehend. Aber er steht. Dann beginnt seine Degradierung. Den Superlativ des höchsten Turms der Stadt verliert er schon in den 1950er Jahren. Auch als Rundfunkturm nimmt seine Bedeutung stetig ab, bis 1973 der Rundfunkbetrieb eingestellt wird. Als städtebauliche Dominante und Touristenattraktion kommt der Funkturm heute nur schwer gegen seinen großen Konkurrenten im Osten, den Fernsehturm, an. Aber trotz der vielen schon 1929 angekündigten Stürme steht er noch. Ein bisschen mehr Aufmerksamkeit dürfte dem einstigen Wahrzeichen des modernen Berlins allerdings gut zu Gesicht stehen. Als ruhender Pol in der Metropole lockt er nicht nur mit einem grandiosen Blick auf die Umgebung, auch das originalgetreu restaurierte Restaurant ist ein schönes Zeugnis der zwanziger Jahre.

1932

Ein Nobelpreisträger im Dienste der Völkerfreundschaft

Auch Nobelpreisträger Albert Einstein schaut anlässlich der Eröffnung einer Funkausstellung vorbei. Am Fuße des Funkturms feiert er am 22. August 1930, seine wilde Mähne vom böigen Wind zerzaust, den Erfindergeist der Forscher und die Arbeit der namenlosen Techniker. In seiner Rede hebt er am Ende die völkerversöhnende Funktion des Rundfunks hervor, der die Nationen in ihrer lebendigsten Form und von ihrer liebenswürdigsten Seite zeigt: „Er wird so dazu beitragen, das Gefühl gegenseitiger Fremdheit auszutilgen, das so leicht in Misstrauen und Feindseligkeit umschlägt." Eine leider illusionäre Hoffnung. Nicht mal drei Jahre später verdammt dieser Rundfunk Albert Einstein als Staatsfeind und wird ein Werkzeug der nationalsozialistischen Propaganda.

TIPP: Fast ein Geheimtipp, im Vergleich zum Fernsehturm im Berliner Osten, ist die Aussichtsplattform des Funkturms. Wer möchte, kann die 126 Meter bis zur besten Aussicht auf die City West sogar zu Fuß erklimmen. Faszinierend ist vor allem der Blick auf das Haus des Rundfunks, dessen architektonische Form sich erst von oben erschließt.

Hammarskjöldplatz
14055 Berlin

Das Schiff ist klar zur Fahrt • Haus des Rundfunks

Es ist ein schlechtes Omen. Jemand hat den Grundstein aufgebrochen und die Urkundenkassette gestohlen, noch vor der Fertigstellung des Gebäudes. Beim feierlichen Schlussakt der Festveranstaltung für das Haus des Rundfunks am 29. Mai 1929 war die Kassette in den Grundstein hineingearbeitet worden. Ob sich der Dieb nun neben dem eher ideellen Wert der Urkunde noch über ein paar Geldmünzen freuen kann, ist nicht bekannt. Die Handwerker bauen trotzdem unverdrossen weiter. Und lassen sich auch nicht von der Baupolizei aufhalten, die immer wieder etwas zu meckern hat: Das Gebäude sei zu monumental, die Bebauungsfläche überschritten. Aber alle Probleme können gelöst werden, Architekt Hans Poelzig lässt immer wieder seinen Einfluss spielen. Auch ohne Urkundenkassette heißt es am 22. Januar 1931: „Das Schiff ist klar zur Fahrt, Kommandant, geben Sie den Befehl zum Start." Das sind die Worte von Rundfunkpionier Alfred Braun. Sie sind der Startschuss in eine neue Epoche der Rundfunkgeschichte.

Zusammen mit dem Funkturm und der Funkhalle ist eine regelrechte Funkstadt entstanden. Das Haus des Rundfunks: das erste Gebäude, das eigens für das neue Medium geschaffen wurde. Modernität und Größe setzen Maßstäbe für alle zukünftigen Funkhäuser Europas.

Die imposante Hauptfront mit ihren dunklen, fast schwarzen Klinkersteinen und den rotbraunen Keramikfliesen zieht sich 156 Meter die Masurenallee entlang. Die beiden Gebäudeflügel schwingen nach hinten und bilden so ein gebogenes Dreieck. Schaut man von oben, zum Beispiel vom Funkturm, erinnert die Form tatsächlich an den Bug eines Schiffs. Wer der zahlreichen Schiffsassoziationen bei Berliner Gebäuden der Weimarer Republik überdrüssig ist, darf natürlich auch ein trutziges Kastell erkennen. Schaut man hinein, dann überrascht der beeindruckend helle und großzügige Lichthof. Das natürliche Licht durch das Glasdach lässt den Kontrast zwischen den schwarz glasierten Pfeilern und den gelben Geländern und Brüstungen schön

hervortreten. Von der Decke hängen zwei achteckige Lampen herunter, „Ampeln" werden sie auch genannt. Geschaffen hat diese beeindruckenden Lichtskulpturen Marlene Moeschke-Poelzig, die Frau des Architekten. Eine einzelne Frauengestalt, die Bronzeplastik „Die Nacht" von Georg Kolbe, schmückt den Lichthof.

Mehr Farben und faszinierende architektonische Details finden sich in den Korridoren und den Treppenhäusern. Die unregelmäßige Form der Treppen erinnert an eine expressionistische Filmdekoration. Poelzig selbst entwarf mehrere Bühnenbilder und Filmkulissen, zum Beispiel für den Film ‚Der Golem' von Paul Wegener. Eine Stange zieht sich mitten im Treppenhaus vom fünften Stockwerk bis ins Untergeschoss – die an der Stange aufgehängten Leuchtkugeln produzieren ein warmes Licht. Lohnen würde sich eine Fahrt mit einem der beiden Paternoster. Leider ist dies nur Mitarbeitern erlaubt.

Das Herzstück des Gebäudes – und die große Herausforderung für Poelzig – ist von außen nicht zu erkennen. Ein Sendehaus braucht Sendesäle, drei hat Poelzig gebaut. Erste Voraussetzung für die Sendesäle wie auch die kleineren Aufnahmestudios: totale Ruhe. Daher befinden sie sich in der Mitte des Gebäudes. Die Bürotrakte außen dienen als Lärmpuffer. Erfahrung hatte mit solchen großen Aufnahmesälen keiner. Poelzig ist immerhin bewandert im Theater- und Kinobau. Trotzdem ist zur Eröffnung nur einer der kleinen Säle fertig. Noch heute begeistert dieser als einziger weitgehend original erhaltener Sendesaal Künstler und Akustiker gleichermaßen.

Das ganze Haus erfüllt heute noch, ohne große bauliche Veränderungen, seinen alten Zweck. Die Senderfamilie des Rundfunks Berlin-Brandenburg (RBB) hat hier ihren Berliner Standort. Überstanden ist die Zeit, als die Nationalsozialisten den Bau für ihre Propaganda missbrauchten und nach dem Krieg die Sowjets das Haus jahrelang besetzt hielten. Und auch der Sender Freies Berlin sendet nicht mehr gegen den Funk des Arbeiter-und-Bauern-Staates rings um die Westberliner Enklave an. Regelmäßige Führungen laden ein, das Gebäude und auch den aktuellen Sendebetrieb kennenzulernen. Der legendäre große Sendesaal, das älteste erhaltene Radiostudio Deutschlands und der Geburtsort des ersten regelmäßigen Fernsehprogramms der Welt sind Teile des Parcours.

Entwicklung des Rundfunks

„Achtung! Hier Sendestelle Berlin Voxhaus." So begann am 29. Oktober 1923 die erste offizielle deutsche Radiosendung vom Voxhaus am Potsdamer Platz – der Start einer medialen Revolution. In schneller Folge entstanden weitere Sender. Aber nicht ohne Gebühr! Die lag mit 60 Reichsmark pro Jahr in fast astronomischer Höhe. Eine unbekannte Zahl an Schwarzhörern versuchte die Gebühr zu umgehen. Bei der Machtübernahme 1933 lag man bei mehr als fünf Millionen gemeldeten Radiogeräten. Dann begann die Produktion des Volksempfängers, „Goebbels-Schnauze" genannt, der die Bevölkerung auf die nationalsozialistischen Ziele einstimmen sollte.

Masurenallee 8–14
14057 Berlin

Die Elektrische kommt • der Straßenbahn-Betriebshof Charlottenburg

Die Berliner nannten sie einfach nur „die Elektrische". Ein wirkliches Berliner Original. Die Straßenbahn oder Tram war in der Weimarer Republik das Verkehrsmittel Nummer eins. Ende der 1920er Jahre beförderte die Elektrische 720 Millionen Fahrgäste im Jahr, fast viermal so viel wie heute, auf (zugegebenermaßen) kürzerem Streckennetz. Neue Wagenhallen und Verwaltungsgebäude waren in den 1920er Jahren dringend vonnöten. Vor allem, nachdem 1928 aus verschiedenen Firmen die städtische Berliner Verkehrs-AG, kurz BVG, gegründet worden war. Für diese Bauten gab es einen Experten, der auch als „Hausarchitekt der Berliner Straßenbahn" bezeichnet wurde: Jean Krämer. Einen kompletten Straßenblock nahm die Anlage in Charlottenburg ein. Faszinierend war, dass die Gebäude nicht nur aus den Wagen- und Rangierhallen bestanden. Ein Ring aus Wohnhäusern umschloss den Betriebshof. Hier wohnten die Betriebsangehörigen. Die Arbeit direkt vor der Haustür, vielleicht auch die Geräuschkulisse. Heute gibt es zumindest keinen Straßenbahnlärm mehr, in die Hallen sind ein Supermarkt und ein Fahrradhändler eingezogen.

Knobelsdorffstraße 94
14050 Berlin

Die Spiele kommen nach Berlin • der U-Bahnhof Olympia-Stadion

Das olympische Feuer kommt nach Berlin! So entschied es das Olympische Komitee 1931. Da waren die Planungen für die Verbesserung der Infrastruktur schon in vollem Gange. Eine wichtige Frage dabei: Wie gelangen die Besuchermassen zu den Sportstätten rund um das spätere Reichssportfeld? Für die U-Bahn übernahm der Schwede Alfred Grenander den Job. Er war der Chefarchitekt der städtischen Hochbahngesellschaft (ab 1929 BVG). Kaum ein Architekt hat mehr Spuren in der Stadt hinterlassen als er. Werke, die wir jeden Tag sehen, ohne es zu wissen.

Der U-Bahnhof Olympia-Stadion ist ein ganz besonderes davon: ein rotbraunes Klinkergebäude mit dunkelroten Türen am Ende eines kleinen Platzes, auf dem zwei Fahrkartenhäuschen stehen. Sachlich, einfach, schön. Aber der Bahnhof war vor allem praktisch mit seinen zwei Bahnsteigen, seinen drei Gleisen sowie dem damals größten elektromechanischen Stellwerk in Europa. Drei Jahre vor den Olympischen Spielen übernahmen die Nationalsozialisten die Macht. Die Spiele in Berlin gingen als Propagandaspiele unrühmlich in die Sportgeschichte ein.

U-Bahnhof Olympia-Stadion
14052 Berlin

U
A-STADION

Ein Reich für Kinder • die Villa Poelzig

Über kaum ein Wohnhaus wird in der Weimarer Republik mehr berichtet als über die Villa Poelzig. Das liegt vor allem an Marlene Moeschke-Poelzig: Sie hat das Haus entworfen. „Frau Architekt", das ist eine absolute Rarität in der Weimarer Republik. Das Haus in der Tannenbergallee, 1930 bezogen, gilt als eines der frühesten deutschen Architektinnenhäuser in einem sonst fast frauenfreien Berufsfeld.

Die junge, begabte Bildhauerin lernte 1918 ihren späteren Mann Hans Poelzig kennen. Der gebürtige Berliner war kurz zuvor aus Breslau zurückgekehrt, wo er die Königliche Kunst- und Gewerbeakademie zu einer der modernsten Kunstschulen Europas geformt hatte, zum „Bauhaus vor dem Bauhaus". Marlene durfte in seinem Berliner Atelier mitarbeiten und entwarf sogleich die spektakulären Palmsäulen im neuen Großen Schauspielhaus. Die leider nicht erhaltene „Tropfsteinhöhle" machte europaweit als ein einzigartiges Kunstwerk Schlagzeilen. In der Folge war Marlene immer wieder maßgeblich an Gebäuden von Poelzig beteiligt, so auch am Haus des Rundfunks in der Masurenallee.

Das Haus für die eigene Familie lag in ihrer Verantwortung. Darüber dürften besonders die drei Kinder glücklich gewesen sein. Das „Reich der Kinder" befand sich im Erdgeschoss, gleichberechtigt mit dem Arbeitsbereich der Erwachsenen. Es führte direkt in den davor gelagerten Außenbereich, sogar mit einer Plansche: viel Raum zum Spielen, drinnen und in der Natur. Das gab es bisher bei keinem Einfamilienhaus in Berlin. Überhaupt heben sich die Grenzen zwischen Haus und Garten auf, wie eines der vielen Architekturmagazine nach Besichtigung des Hauses begeistert berichtet.

Nach dem Auszug der Familie Poelzig bleibt das Haus ein Ort mit Ausrufezeichen. 1937 zieht Regisseur Veit Harlan ein und lässt sich einen Kinosaal installieren. Den Krieg übersteht das Haus ohne größere Schäden. Die kommen in der Nachkriegszeit: Aus den modernen Flachdächern werden Walmdächer, das großzügige Atelier wird in kleine Räume aufgeteilt, Fenster werden vergrößert. Aufgrund dieser baulichen Veränderungen stand das Haus nicht unter Denkmalschutz. Als der Abriss drohte, wurde eine breite Öffentlichkeit erstmals auf diese Rarität, das Haus einer Architektin in der Weimarer Republik, aufmerksam. Aber die zahlreichen internationalen Proteste haben nicht geholfen: Ende 2021 ist die Villa Poelzig abgerissen worden. Nur die Mauer steht noch. Allerdings ohne die Gedenktafel an das Ehepaar Poelzig.

Tannenbergallee 28
14055 Berlin

28

PROF. HANS POELZIG
1869 – 1936
DER GROSSE ARCHITEKT
UND LEHRER LEBTE IN
DIESEM HAUSE VON
1930 – 1936
Förderungsaktion der Spielbank Berlin

Eine Revolution in Weiß • das Haus am Rupenhorn

„Diese Häuser bedeuteten einmal eine Revolution; zu ihnen sind Architekten aus aller Welt gepilgert", so der Architekturhistoriker Julius Posener, der immerhin bei Hans Poelzig studiert und mit Mies van der Rohe gearbeitet hat. Und noch heute wirkt die damalige Weltsensation höchst modern. Es sind zwei Einfamilienhäuser im Westen Berlins, in einer Traumlage: dicht an der Havel, direkt am Wald, fernab vom Trubel der Großstadt. Eigentlich sollten die Architekten Alfons Anker sowie die Brüder Hans und Wassili Luckhardt hier eine Kolonie mit drei Häusern errichten. Aber dann ging dem Auftraggeber, Kaufmann Richard Kluge, das Geld aus. So wurde aus dem Dreierpack ein Duo.

Das Architektentrio sorgte damals für Schlagzeilen in der Bauwelt Berlins. Zunächst experimentierten sie in der Versuchssiedlung Schorlemerallee mit neuen Baumaterialien und -formen. Am Potsdamer Platz realisierten sie ein elegantes Haus mit gekurvter Fassade aus Opakglas. Den Alexanderplatz wollten sie radikal umgestalten und gewannen den Wettbewerb mit einem visionären Entwurf. Und der Potsdamer Platz sollte mit einem zylinderförmigen Haus in die Zukunft katapultiert werden. Die beiden letzteren Pläne wurden nie umgesetzt. Aber auch die beiden Bauten am Rupenhorn hätten als Kulisse eines Science-Fiction-Films dienen können. Die weißen Häuser mit ihren drei Geschossen, den nahtlos in das Gartengelände gleitenden Terrassen und den Gärten auf den Flachdächern waren moderne Interpretationen von Villen.

Der Bauherr Richard Kluge musste 1933 nach England emigrieren. Aufgrund seiner jüdischen Herkunft war es für Alfons Anker nach 1933 immer schwieriger, Aufträge zu bekommen, bis ihm Berufsverbot erteilt wurde. 1939 konnte er gerade noch rechtzeitig nach Schweden fliehen. Die Nationalsozialisten planten den Abriss der Häuser am Rupenhorn, um am Teufelsberg ihre Hochschulstadt zu errichten. In der Nachkriegszeit litt die Bausubstanz, die Fassade und vor allem das damals so genial konzipierte Innenleben der Häuser wurden verschandelt. Für das Haus Nummer 25 kam die Rettung in den 1990er Jahren. Ein Ehepaar, Stadtplanerin und Architekt, erwarb das Haus und sanierte es außen und innen, in vorbildlicher und mehrfach preisgekrönter Weise. Der rote Linoleumboden, die vernickelten Treppengeländer und vor allem die große Bibliothek: Bis ins kleinste Detail hat diese Ikone der Moderne seine ursprüngliche Gestalt zurückerhalten.

TIPP: Bis zum Tod der Eigentümer gab es jede Woche Führungen durch das Gebäude. Wie es in Zukunft genutzt wird, ist ungewiss. Aber auch anderweitig lohnt sich ein Besuch der Siedlung Rupenhorn. Hier locken weitere Gebäude aus der Weimarer Republik: Das Touro College Berlin stammt etwa von dem Bauhaus-Architekten Bruno Paul. Etwas verdeckt ist der Blick auf die Villa des Architekten Erich Mendelsohn, Am Rupenhorn 6, der hier auch selbst gewohnt hat.

Am Rupenhorn 25
14055 Berlin

Eine Burg für einen Eremiten • Georg Kolbe Museum

„Meine Sensburg", so nennt Georg Kolbe sein neues Atelierhaus in der Sensburger Allee. 1929 zieht er aus seiner großen Atelier-Wohnung in Tiergarten nach Berlin-Westend. Zwei Schicksalsschläge haben den Bildhauer an den Stadtrand Berlins getrieben: Der Kunsthändler Paul Cassirer, sein langjähriger Freund und Förderer, wählte 1926 den Freitod. Ein Jahr später starb Kolbes Frau Benjamine.
Für Kolbe brach eine Welt zusammen. Vorbei das heitere Salonleben der Künstlerszene, vorbei der Genuss der kulturellen Vielfalt Berlins, vorbei die Zeiten, als in seinem Atelier die Tänzer-Models ein- und ausgingen: Der Künstler macht einen harten Schnitt in seinem Leben. „Streng" seinen „letzten Lebensabschnitt" führen, das will er ab jetzt. Daher kauft er sich ein Grundstück an der Heerstraße und beauftragt einen Schweizer Architekten, Ernst Rentsch, mit der Errichtung eines Wohn- und Arbeitshauses. Aber Kolbe lässt nicht einfach bauen. Er ist bestens vertraut mit der Architektur der Moderne, arbeitet selbst mit Koryphäen wie Walter Gropius, Bruno Taut und Hans Poelzig zusammen. Kolbe greift deshalb immer wieder in die Gestaltung ein, kommentiert die Baupläne, setzt Änderungen durch. Zwei kubische Backsteingebäude im Stil der Neuen Sachlichkeit sollen es werden.
Nach nicht mal einem halben Jahr Bauzeit, im Januar 1929, kann er einziehen. Im Sommer folgt seine Tochter mit ihrem Mann in den Nachbarbau. Wenn schon nicht seine geliebte Frau Benjamine bei ihm sein kann, dann wenigstens der Rest der Familie. Ganz so einsam soll es dem Eremiten in seiner Einsiedlerklause auch nicht werden. Und von der Dachterrasse des Hauses kann Kolbe das Grab seiner Frau auf dem Friedhof an der Heerstraße sehen.
Nur die Nachbarn sind nicht begeistert. Ein regelrechter Kleinkrieg beginnt. Die strenge und etwas abweisende Architektur der beiden unverputzten Ziegelsteinbauten passt nicht in das Welt- und Schönheitsbild einiger Nachbarn – das sei doch ein Villengrundstück!

Der Blick auf das Haus und dessen Mauer stelle sogar eine „erhebliche Wertminderung“ des eigenen Grundstückes dar. Aber das dürfte Kolbe nicht gestört haben. Als der Bildhauer seine „Burg“ bezieht, ist er einer der bedeutendsten Künstler der Weimarer Republik, vielleicht der wichtigste deutsche Bildhauer in der ersten Hälfte des 20. Jahrhunderts. Seine Werke sind im öffentlichen Stadtraum wie auch in vielen wichtigen Gebäuden der Stadt zu finden, so im Haus des Rundfunks oder in der Wohnanlage Ceciliengärten. Aber natürlich auch hier, im Westend. Im parkähnlichen Garten des Hauses stehen Skulpturen, der fußläufig gelegene Georg-Kolbe-Hain ist ein Skulpturenpark, und auch das Grabmal seiner Frau hat er gestaltet.

Die Kunstwerke entstehen im Inneren des Gebäudes. Die Privaträume sind klein und schlicht, hell und geräumig dagegen die Atelierräume, vor allem die große Atelierhalle. Die war gleichzeitig der Salon mit Sesseln und Bücherregalen. 1947 stirbt Kolbe an einem langwierigen Krebsleiden. Zuvor hat er in seinem Testament den Berlinern ein besonderes Geschenk gemacht: Er verfügt, dass sein Haus und sein Atelier der Öffentlichkeit zugänglich gemacht werden sollen. Das denkmalgeschützte Ensemble ist somit das einzige zugängliche Künstleratelier der 1920er Jahre in Berlin und ein besonderes Zeugnis dieser Epoche. In der Atelierhalle sind wechselnde Ausstellungen zu bewundern, auch zeitgenössische Kunst wird ausgestellt.

Ein weiteres „Geschenk“ ist kürzlich bekannt geworden: Der Nachlass des Künstlers kehrt aus Kanada, wohin ihn die Enkelin Kolbes „entführt“ hat, zurück nach Berlin und bereichert damit nicht nur den Bestand des Museums, sondern bietet auch Forschern die Möglichkeit, neue Facetten dieses Künstlers zu entdecken.

TIPP: Eine Oase der Ruhe und der perfekte Ort, um die Kunst von Georg Kolbe auf sich wirken zu lassen, ist das Museumscafé – im Sommer 2021 neu eröffnet als „Café Benjamine“, benannt nach der Frau von Kolbe. Das Café befindet sich im ehemaligen Wohnhaus der Tochter des Bildhauers und bietet sich auch für kleine private Feiern an. Bei gutem Wetter lässt sich auf der Terrasse, mit Blick auf den Tänzerinnenbrunnen von Kolbe, das nachhaltige Essen noch mehr genießen.

Sensburger Allee 25
14055 Berlin

Elektropolis Berlin • das Siemens-Schaltwerk

Es ist ein beispielhafter Bau der Industriegeschichte: das Siemens-Schaltwerk, das 1928 seinen Betrieb aufnahm. Der fast einschüchternde Baublock gilt mit seinen zehn Geschossen nicht nur als erstes Fabrikhochhaus Europas. Auch mit der Anordnung der Fabrikationsabläufe in übereinanderliegenden Etagen betrat der Haus- und Hofarchitekt von Siemens, Hans Hertlein, industriearchitektonisches Neuland. Über allem, in der obersten Etage, thronte das Konstruktionsbüro, in den unteren Stockwerken arbeiteten die schweren Maschinen. Die beiden Gebäudetürme bargen nicht nur die Treppenaufgänge, auch Sanitäranlagen und Garderoben waren dort untergebracht. Bauschmuck sucht man an der Klinkerfassade vergebens. Sachlich, nüchtern und zweckgebunden präsentiert sich das Gebäude bis heute. Es stand und steht symbolisch für die Moderne und diente als Vorbild für nachkommende Industriebauten in Deutschland. Und mit den nachts hell erleuchteten Fenstern war es ein optisches Aushängeschild von „Elektropolis" Berlin.

Nonnendammallee 104
13629 Berlin

Panzerkreuzer oder Langer Jammer? Die Großsiedlung Siemensstadt

Ist es nicht der beste Vertrauensbeweis, wenn der Architekt selbst in das Haus einzieht, das er gebaut hat? Dreißig Jahre lang, von 1930 bis 1960, hat Hans Scharoun in der Großsiedlung Siemensstadt gewohnt. Der spätere Ehrenbürger Berlins und Architekt der Philharmonie errichtete das Entrée und zwei weitere Gebäude in einer der letzten großen Wohnsiedlungen der Weimarer Republik. Fünf Architekten haben sich hier zusammengetan, angeleitet mal wieder von dem umtriebigen Stadtbaurat Martin Wagner. Hans Scharoun war für das städtebauliche Konzept verantwortlich und hatte als Kollegen Walter Gropius, Otto Bartning, Hugo Häring, Fred Forbát und Paul Rudolf Henning mit an Bord. Eine Entscheidung stand früh fest: Die Siedlung bekommt keine Reihenhäuser wie zum Beispiel die Hufeisensiedlung in Britz.

Modern und radikal beschränkt man sich auf den Wohntypus des Zeilenbaus. Den interpretieren die Architekten aber recht unterschiedlich in den 1.379 Wohnungen mit jeweils zwei oder zweieinhalb Zimmern, die zwischen 1929 und 1934 entstehen.

Walter Gropius, kurz zuvor, 1929, als Direktor des Bauhauses zurückgetreten, ist für die kühlsten und strengsten Fassaden der Siedlung verantwortlich. Ganz anders Hugo Häring: Zum einen korrespondiert die ockerbraune Farbgebung seiner Fassade schön mit dem Grün des Parks. Vor allem aber ist Häring als einem der Hauptvertreter der organischen Architektur wichtig, dass architektonische Formen wie ein „Organ“ ihre jeweilige Funktion erfüllen. Von innen nach außen planend und eine Harmonie zwischen Bau und Landschaft erreichend – das sind Merkmale des organischen Bauens. Hier setzt er dies beispielsweise mit den nierenförmigen Balkonen um, die die Fläche maximal ausnutzen und den Schattenwurf für die unten liegenden Stockwerke reduzieren. Markant ist auch die längste Wohnzeile der Siedlung. Über 338 Meter zieht sich der Riegel von Otto Bartning, den die Berliner als „Langen Jammer“ verspotteten. Wichtig war allen Architekten, den Freiflächen eine große Bedeutung zukommen zu lassen. So aufgelockert wie möglich sollte die Siedlung sein, um dem modernen Menschen ein zeitgemäßes Lebensumfeld zu

schenken. Vieles, was in der Nachkriegszeit die Stadtplanungsdebatten bestimmt, wurde hier bereits mitgedacht. Schon 1926 hat Scharoun in Bezug auf die Siedlung seine Definition von dem geliefert, was der Berliner heute seinen Kiez nennt: „Nachbarschaft ist eine geistige Energie – eine Qualität, nicht nur eine Quantität. Sie ist ein Raum, den ein Fußgänger in etwa einer Viertelstunde durchquert, ein Raum, der der Erlebnisfreudigkeit des Kindes entspricht, groß genug, um Abenteuer darin anzusiedeln, klein genug, um das Gefühl der Heimat aufkommen zu lassen." Heimat ist die Siedlung auch mehrere Jahrzehnte für Scharoun, der mit dem sogenannten Panzerkreuzer das signifikanteste Gebäude der Siedlung gebaut hat. Hans Scharoun als gebürtiger Bremer ist vertraut mit der maritimen Welt, mit der Freiheit und der Weite des Meeres. Die kreisförmigen Fenster des Wohnbaus erinnern an Bullaugen, ganz oben thront eine Kommandobrücke und die Reling ist auch vorhanden. Die Berliner allerdings haben eher die militärische Seite der Seefahrt im Sinn. Seit dem Erfolg des sowjetischen Films ‚Panzerkreuzer Potemkin', der 1926 in Berlin seine deutsche Uraufführung feierte, war der Panzerkreuzer in Berlin eine gern benutzte Metapher für Maritimes – oder einfach nur Großes. Hans Scharoun, der „Kapitän", wohnte nicht im Panzerkreuzer selbst. Von gegenüber, aus seiner Wohnung im vierten Stock, hatte er allerdings den besten Blick auf das Schiff in Charlottenburg.

Die Tafelrunde der Architekten

Sie sind jung. Sie lehnen die alten Bautraditionen ab. Sie fordern einen gestalterischen Neubeginn und wollen neue Bautechniken entwickeln. Eine Schar ehrgeiziger Architekten trifft sich am 16. Mai 1926 im Büro von Mies van der Rohe. Ergebnis ist die Gründung einer Vereinigung mit dem Namen „Der Ring" – eine geschlossene Form, ohne Spitze, ohne Vorstand. Gemeinsam will man Stellung nehmen in Form von Publikationen und Ausstellungen. Und natürlich auch durch Bauten. Alle Architekten der Großsiedlung Siemensstadt waren früher oder später Mitglied des „Rings". Daher trägt sie auch den Namen „Ringsiedlung". Zwei Jahre nach dem „Ring" wird „Der Block" gegründet. Er lehnt das Neue Bauen ab.

TIPP: Wer auch einmal wie Hans Scharoun auf den „Panzerkreuzer" schauen möchte, der kann den Projektraum SCHARAUN besuchen. Der Künstler Jaro Straub hat eine ehemalige Wohnung als interdisziplinären Ausstellungsraum für Kunst und Architektur eingerichtet. Allerdings befindet man sich ein Stockwerk unter der Wohnung von Scharoun.

China in Berlin • Wohnsiedlung Zeppelinstraße

Eine Wohnanlage in Spandau, fertiggestellt 1927 – das klingt verdächtig nach einer weiteren Siedlung im Stil des Neuen Bauens, wie sie in dieser Zeit in Berlin aus dem Boden sprießen. Aber weit gefehlt: Die Siedlung wirkt eher wie eine Kampfansage an die schmucklosen Gebäude der großen Wohngesellschaften. Vor allem die Ecktürme mit Kuppel und Spitze, die spitz vorspringenden Erker und die vielen Zickzackmotive an Türen und Fenstern zeigen: Hier standen nicht Bauhaus und Neue Sachlichkeit Pate. Es ist eher ein Fest des Art déco und des Expressionismus, man spricht sogar von „ekstatischem Expressionismus".

Die einzige größere Siedlung des Expressionismus in Berlin mit etwa 500 Wohnungen in drei- bis viergeschossigen Zeilenbauten ist nicht das einzige Werk von Richard Ermisch in Berlin, der auch ganz anders kann. Ermisch ist am Bau des Strandbads Wannsee im Stil der Neuen Sachlichkeit beteiligt. Die Nationalsozialisten erfreut er mit den Messehallen am Funkturm, und nach dem Krieg entwickelt er Pläne für den Wiederaufbau Berlins. Die Siedlung in der Zeppelinstraße, im Spandauer Volksmund „China in Spandau" genannt, ist allerdings fast unbeschädigt durch den Krieg gekommen.

Zeppelinstraße
13583 Berlin

① Shell-Haus

② „Haus Nürnberg"

③ Tanzpalast „Delphi"

④ Renaissance-Theater

⑤ Erich Hamann

⑥ WOGA-Komplex

⑦ Parkwächterhaus Lietzensee

⑧ Oberpostdirektion

⑨ Funkturm

⑩ Haus des Rundfunks

⑪ Straßenbahndepot Charlottenburg

⑫ U-Bahnhof Olympia-Stadion

⑬ Georg Kolbe Museum

⑭ Villa Poelzig

⑮ Haus am Rupenhorn

⑯ Siemens-Schaltwerk

⑰ Großsiedlung Siemensstadt

⑱ Zeppelinstraße

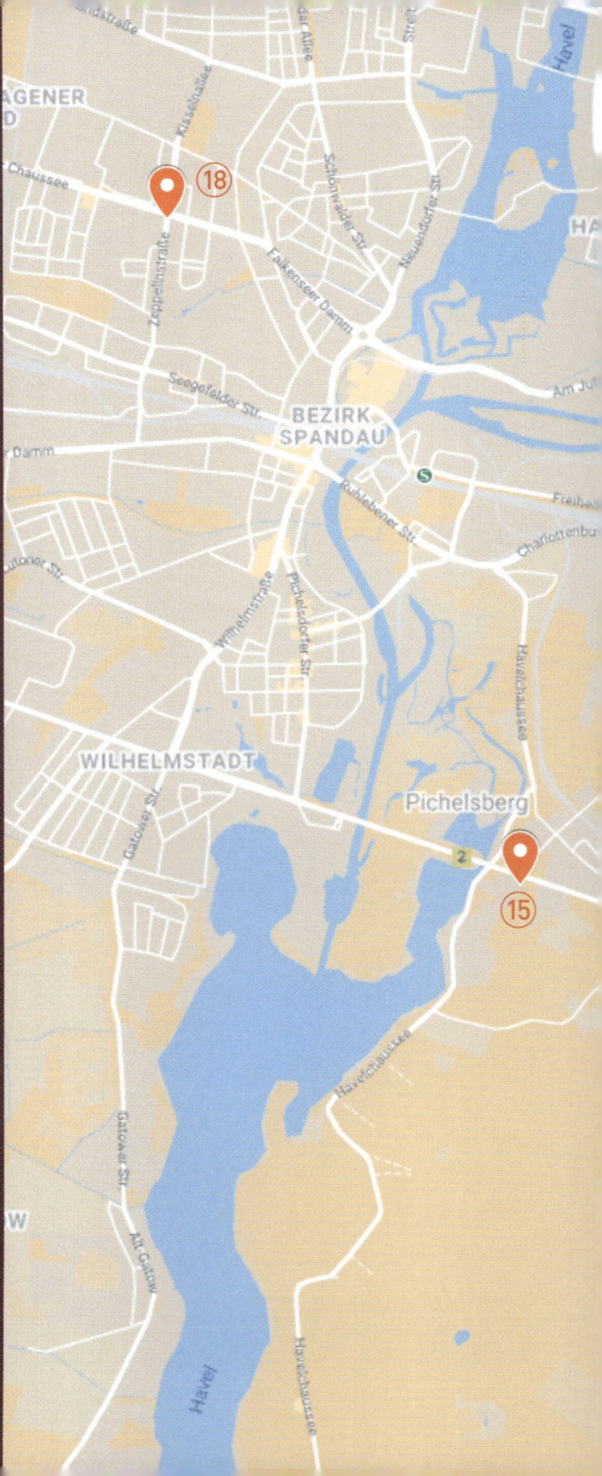

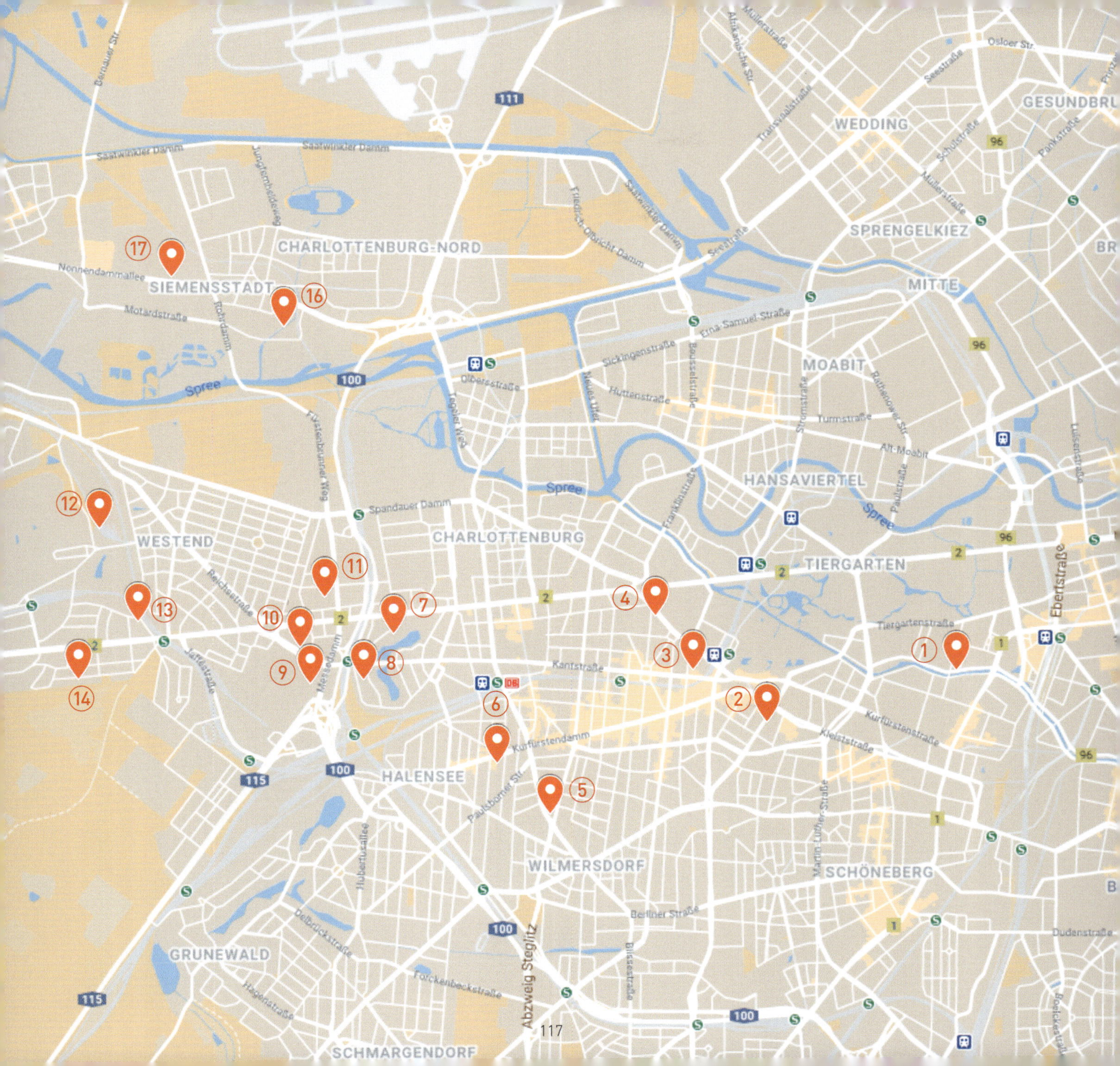

CHARLOTTENBURG-NORD
SIEMENSSTADT
WEDDING
SPRENGELKIEZ
MITTE
MOABIT
HANSAVIERTEL
TIERGARTEN
CHARLOTTENBURG
WESTEND
HALENSEE
WILMERSDORF
SCHÖNEBERG
GRUNEWALD
SCHMARGENDORF
Bernauer Str.
Saatwinkler Damm
Jungfernheideweg
Nonnendammallee
Motardstraße
Rohrdamm
Spree
Friedrich-Olbricht-Damm
Seestraße
Müllerstraße
Afrikanische Str.
Transvaalstraße
Osloer Str.
Schulstraße
Pankstraße
Erna-Samuel-Straße
Sickingenstraße
Beusselstraße
Olbersstraße
Tegeler Weg
Huttenstraße
Neues Ufer
Stromstraße
Turmstraße
Rathenower Str.
Alt-Moabit
Paulstraße
Luisenstraße
Spandauer Damm
Fürstenbrunner Weg
Franklinstraße
Reichsstraße
Jafféstraße
Messedamm
Kantstraße
Kurfürstendamm
Tiergartenstraße
Ebertstraße
Kurfürstenstraße
Kleiststraße
Paulsborner Str.
Hubertusallee
Delbrückstraße
Hagenstraße
Forckenbeckstraße
Abzweig Steglitz
Blissestraße
Berliner Straße
Martin-Luther-Straße
Dudenstraße
111
100
115
96
1
2
1
2
3
4
5
6
7
8
9
10
11
12
13
14
16
17

DIE WELTSTA
UND S
DIE STADT DER MU
KUNSTAUSSTELLUN
DIE METROPOLE MIT
POTSDAM UN
SPORT ALLER ARTEN

Wo befindet sich Babylon Berlin?

Interview mit Uli Hanisch, Szenenbildner von Babylon Berlin

Berlin, 1929: Eine Metropole in Aufruhr – alles befindet sich im radikalen Wandel. Die Serie ‚Babylon Berlin' zeigt das Panorama einer der am heftigsten pulsierenden Städte der Welt – taumelnd zwischen Drogen und Mord, Politik und Kunst, Glamour und Armut, Ekstase und Extremismus. Im Oktober 2020 startete die dritte Staffel der ARD-Produktion. Gereon Rath, der Kommissar aus Köln, ist wieder in der Hauptstadt unterwegs und ermittelt für die Mordinspektion der Berliner Polizei.
Einer der wichtigsten Protagonisten ist die Stadt selbst: Berlin spielt wieder eine Hauptrolle. Ein Teil der Serie ist in der neu gebauten Außenkulisse des Studios Babelsberg gedreht worden. Hier konnten unterschiedliche urbane Situationen umgesetzt werden: vom armen Wedding bis zum wohlhabenden Charlottenburg. Auch das mondäne, das moderne Berlin mit seinem Nachtleben wie dem Club „Moka Efti" entstand hier. Aber immer wieder waren die „Babylonier" auch in der Stadt unterwegs und drehten an zahlreichen spektakulären Orten. Das Rote Rathaus, das Rathaus Schöneberg, das Strandbad Wannsee, die Galopprennbahn Hoppegarten – das sind nur einige der bekannteren Außenmotive. Dazu kommen zahlreiche, bisher in Film und Fernsehen kaum gesehene – oder vergessene – Orte. Verantwortlich für die neue Außenkulisse in Babelsberg und auch die Drehorte in der Stadt war Szenenbildner Uli Hanisch. Als einen „permanenten Adventskalender" hat Hauptdarsteller Volker Bruch das, was Uli Hanisch an und mit den Drehorten geschaffen hat, bezeichnet.

In diesem Gespräch gibt Uli Hanisch Einblicke in die Auswahl der Drehorte, die Herausforderungen bei den Dreharbeiten und den Zustand der Stadt damals und heute. Berlin als Stadt der Moderne war ein weiteres Thema, denn unter den Drehorten sind sieben Gebäude, die auch in diesem Buch vertreten sind: Gebäude also, die in der Weimarer Republik entstanden sind. Manche davon spielen eine kleine Nebenrolle und sind nur kurz zu sehen, andere dagegen drängen sich in den Vordergrund: der Alexanderplatz, das ehemalige Stummfilmkino „Delphi" oder auch der U-Bahnhof Hermannplatz. Film- und ‚Babylon'-tauglich sind sie aber alle.

Uli Hanisch
ist seit drei Jahrzehnten Production Designer. Zunächst als Grafiker tätig, begann durch die Zusammenarbeit mit Christoph Schlingensief seine Arbeit als Szenenbildner. Seitdem war Hanisch bei zahllosen deutschen und internationalen Produktionen dabei. Besonders eng arbeitet er seit langem mit Tom Tykwer zusammen. In vielen historischen Produktionen, wie ‚Anonyma', ‚Cloud Atlas', ‚Das Parfum', ‚Das Wunder von Bern' und zuletzt ‚Babylon Berlin', lässt Hanisch die Zuschauer in einzigartige und authentisch wirkende Räume eintauchen, die die Geschichte der Filme mittragen. Für seine Arbeit hat Hanisch zahlreiche Auszeichnungen erhalten, zuletzt den Deutschen Fernsehpreis in der Kategorie „Beste Ausstattung" für ‚Babylon Berlin'.

Welche Herausforderungen stellten sich zu Beginn der Planungen für die Dreharbeiten von ‚Babylon Berlin'?
Die erste Frage für uns war tatsächlich, ob wir eine Serie, die komplett im Berlin der 1920er Jahre spielt, überhaupt hier, in Berlin, drehen können. Gibt die Stadt das her? Gibt es genug Motive und ist es logistisch umsetzbar? Zunächst waren wir in möglichen Ausweichstädten unterwegs. Wir haben zum Beispiel Prag und Budapest als Alternativen erwogen. Diese Städte bieten sich zunächst als Drehorte an für eine historische Serie, da dort mehr historische Substanz vorhanden ist und diese auch in einem anderen Zustand ist als in Berlin. Aber wir fanden das von den Motiven her nicht befriedigend und vor allem auch inhaltlich nicht richtig: Es wäre doch bizarr, ‚Babylon Berlin' nicht in Berlin zu drehen. Zu diesem Zeitpunkt lagen die Drehbücher noch nicht vor, sondern nur die Romanvorlage von Volker Kutscher. Der Held, Gereon Rath, bewegt sich da mühelos, wie ein Fisch im Wasser, durch die Stadt. Er ist permanent und rastlos unterwegs in der Metropole Berlin. Für uns war wichtig, die Voraussetzungen dafür zu schaffen, dass unser Protagonist dazu auch in der Lage ist. Wir wollten uns keine Grenzen setzen, sondern erreichen, dass sich die Helden wie in einem modernen Krimi durch die Stadt bewegen. Um dann die Zeitreise in die Weimarer Republik physisch herzustellen, müsste jeder Straßendrehort aufwendig in die damalige Zeit versetzt werden, da ja kaum ein Quadratmeter heute immer noch so gegeben ist, wie es der historische Stoff verlangt.

Und dann kam die „Neue Berliner Straße" ...
Ja, das war ein absoluter Glücksfall, ein kleines Wunder: Studio Babelsberg und die Babylonier von X-Filme trafen im richtigen Moment aufeinander. Studio Babelsberg brauchte dringend eine neue „Berliner Straße", nachdem die alte Straße nach 20 Jahren Dienst abgerissen worden war. Aber das Studio Babelsberg wollte das unbedingt mit einem Partner machen, der seine spezifischen Anforderungen und Wünsche mit einbringt. Das waren wir! Und das war die Lösung des Problems. Wir waren Kunden und Architekten in einem – und haben in fünf Monaten die „Neue Berliner Straße" entworfen und dann mit den Werkstätten von Studio Babelsberg in der Rekordzeit von noch einmal knapp sechs Monaten gebaut und entstehen lassen. Sie besteht aus einem Block mit vier Straßenzügen, die die unterschiedlichen Facetten der Stadt repräsentieren. Wir nannten sie stellvertretend „Wedding", „Kreuzberg", „Charlottenburg" und „Friedrichstraße". Ohne die „Berliner Straße" als gigantische Außenkulisse in Babelsberg hätten wir am Standort Berlin nicht drehen können. Um eine Zeitreise auf dem von uns angestrebten filmischen Niveau herzustellen, sind die Anforderungen so groß, dass man dies – in der Quantität – in der Stadt selbst nicht gewährleisten kann. Ein Beispiel: Fahrten, längere Strecken durch das reale Berlin sind fast unmöglich, dafür brauchte man die „Berliner Straße".

Was kennzeichnet das Berlin der Serie ‚Babylon Berlin'?
Ein zentrales Anliegen war uns, die Diversität der Stadt darzustellen. Sowohl die Autoren als auch wir von der Gestaltung beschäftigen uns viel mit den unterschiedlichen Facetten wie auch den Fallhöhen der Stadt. Das merkt man auch stark in der „Berliner Straße" mit den verschiedenen Stadtvierteln.
Wir wollten diese brüchige Weimarer Republik zeigen, die mit offenen Augen tanzend ins Verderben marschiert, ohne dass die Leute es schon ahnen. Aber mindestens genauso wichtig war uns, die Nähe zum zeitgenössischen Berlin herzustellen, vor allem deswegen, weil im Grunde genom-

Metropolitan Backlot/Neue Berliner Straße in Babelsberg

men die ganze Moderne und so viel, worauf wir uns heute berufen, damals entstanden sind. Das war für mich ein frappierender Gedanke: dass wir in den 2010er oder 2020er Jahren in Berlin das Gefühl haben, in einer supermodernen, freizügigen Stadt leben, in der alles erlaubt und möglich ist. Aber wenn man zurückschaut in die Zeit der 1920er Jahre, die Zeit unserer Großeltern, wird deutlich, dass wir eigentlich Zwerge sind im Vergleich zu dem, was unsere Vorfahren ersonnen haben und was damals alles quasi gleichzeitig und explosionsartig in die Welt gekommen ist. Zum einen wollten wir natürlich die Zeitreise ins Jahr 1929 herstellen. Aber auf der anderen Seite ist es Trick und Spaß gleichermaßen, dass wir die Zeitreise auch wieder überwinden und das Gefühl vermitteln, wir könnten im Hier und Jetzt sein.

Wie bekommt man diesen Sprung zwischen Vergangenheit und Gegenwart gestalterisch hin, ohne dass der Zuschauer irritiert ist?

In der Gastronomie war das am einfachsten, zum Beispiel beim „Moka Efti". Wir nennen es ja deshalb intern auch „das Berghain der 20er Jahre". Beim Anblick des Interieurs denkt man sich: Wenn dieser Club nächste Woche seine Pforten öffnen würde, würden wir reingehen und sagen: Wow, was für ein cooler Schuppen! Man hätte gar nicht das Gefühl, im Jahr 1929 zu sein, die Location ist weder historisch noch im Retro-Stil. In den Wohnungen der wohlhabenderen Schicht ging das auch sehr gut. Beim Regierungsrat Benda hat mir das Einrichten sehr viel Freude gemacht. Mit seinem jüdisch-großbürgerlichen Hintergrund hätte man ihm eigentlich so eine Jugendstil-Puppenstube einrichten können. Aber er ist als liberaler Verfechter der jungen Demokratie eben eher der Moderne verpflichtet – und daher haben wir uns entschieden, die

Regisseur Tom Tykwer mit Kameramann Frank Griebe vor dem Roten Rathaus

Wohnung sehr klar und fast wie heute zu gestalten. Sie sieht im Grunde aus wie eine typische Rechtsanwaltswohnung im Grunewald unserer Zeit. Wenn jemand heutzutage einen modernen klassischen Geschmack hat, stellst du einen Laptop auf den Schreibtisch dazu, und es passt auch aktuell. Bei den Armenwohnungen dagegen hast du formal wenig Flexibilität, da ist man eingeschränkter.

Ihr habt viel recherchiert und Unmengen an historischen Bildern und Filmen über die Zeit gesichtet: Was unterscheidet das Berlin der Serie von dem „wirklichen" Berlin des Jahres 1929?

Die Bilder zeigen, wie voll und wuselig die Stadt war, mit zahllosen Bussen und Straßenbahnen, sowie den ganzen Fußgängern und Fahrradfahrern. Dieses Gewimmel auf den unvorstellbar belebten Straßen war sehr schwierig wiederherzustellen. Fast unmöglich! Unsicher waren wir uns übrigens immer über die Farbigkeit. Es gibt sehr wenig Farbmaterial aus der Zeit, und die Beschreibungen darüber widersprechen sich teilweise. Entweder ist die Rede von einer sehr grauen Tristesse oder von sehr farbenfrohen Oberflächen. Gewiss auch abhängig davon, wo genau man sich in der Stadt befindet.

Abgesehen davon schauen wir natürlich in einer fiktionalen, überhöhten Weise auf die Stadt: Die Stadt wird bei uns zu einer Bühne, zu einem Sittenbild der Weimarer Republik – und da guckt man natürlich auch mit einer künstlerischen Übertreibung drauf. Wir drehen ja keinen Dokumentarfilm.

Wie könnte man die Architektur der Stadt, das Gesicht Berlins beschreiben, wie es die Zeitgenossen Ende 1920er Jahre gesehen und erlebt haben?
Das Berlin der 1920er Jahre ist baulich vor allem eine Stadt der Kaiserzeit. Das Erstaunliche ist ja, dass Berlin so eine extrem junge Stadt ist, die erst in der späten Kaiserzeit einen fertiggebauten Zustand erreicht hat. Ein Großteil Berlins ist in seiner eigentlichen, städtischen Form wie mit einem Knall in der Zeit nach 1870 entstanden – kaum mehr als zwanzig, dreißig Jahre vor der Zeit, in der wir uns in ‚Babylon Berlin' bewegen.
Das ist, was ich immer so irre finde an Berlin, vor allem im Vergleich zu anderen europäischen Metropolen wie Paris mit seinen mittelalterlichen Ursprüngen und vielen anderen architektonischen Zeugnissen. Die wenigen Gebäude, die es hier in Berlin vorher gab, sind eben integriert oder dann auch abgerissen worden. Das bedeutet auch, dass das Stadtbild des kaiserlichen Berlins, dieser jungen, neuen Stadt, extrem homogen war.

Dann kam die Moderne, die sich in Berlin mit einigen beeindruckenden Gebäuden in der Innenstadt, aber vor allem den großen Wohnsiedlungen am Stadtrand zeigt. Wie siehst du diese Bauten als Szenenbildner, auch im Vergleich zu dem Berlin der Kaiserzeit mit seinen Gründerzeitvierteln?
Die klare Linie vieler Gebäude dieser Zeit, aus dem Geist der Moderne geboren, ist fantastisch und teilweise atem-

Das „Moka Efti", gedreht im ehemaligen Stummfilmkino „Delphi"

beraubend. Wenn man zum Beispiel vor dem Shell-Haus steht, ist man sprachlos und fragt sich, von wann ist dieses Gebäude? Ist es wirklich schon neunzig Jahre alt? Gerade wenn man das in den zeitlichen Kontext einbindet und sieht, aus welcher Zeit, welcher Welt die Menschen damals kamen und was für eine Radikalität im Denken und Gestalten das bedeutete, muss man unermessliche Hochachtung haben vor der Leistung aller damaligen Künstler, Gestalter und Architekten, die sich von teilweise jahrhundertealten Naturgesetzen lösten.

Ist diese radikale Ablehnung des Alten, Traditionellen – in dem Fall vor allem der Gründerzeithäuser mit ihrem Stuck – nachvollziehbar?
Aus heutiger Sicht schauen wir natürlich ganz anders auf die Jahrhundertwende-Architektur. Dieser Blick ist beeinflusst durch unser Wissen, dass viele der Gebäude, ganze Viertel, im Krieg zerstört wurden. Da bekommt man dann sicherlich eine andere Wertschätzung für die Gebäude. Und natürlich schmeicheln sie auch dem Auge, man sieht sie heute wieder als attraktiv und lebenswert an.

Aber zurück zu der Ablehnung dieser Architektur durch die Zeitgenossen damals: Die Pestilenz dieser repressiven Gesellschaftsstruktur, die in jedem Stuckelement, allen Details der überholten Vergangenheit ihren Ausdruck fand, hat natürlich etwas ganz anderes ausgelöst als bei uns heute. Ich persönlich liebe beides: die großen, gründerzeitlichen Kästen wie die Gebäude der Moderne. Und beide Stile finden sich auch bei uns in der Serie wieder.

Die Moderne findet man bei ‚Babylon Berlin' vor allem in der mondänen Geschäftsstraße, der Außenkulisse in Babelsberg, wo sich das „Moka Efti" und ein Kaufhaus befinden, das „Adam & Söhne". Was steckt hinter dem Kaufhaus, gibt es da ein historisches Vorbild?

Bei der Planung der „Neuen Berliner Straße" hatten wir noch keine Drehbücher, sondern nur die Vorlagen der Romane von Volker Kutscher. Daher haben wir ein bisschen ins Blaue geplant. Aber die moderne Straße, tagsüber Geschäftsstraße, abends Schauplatz des Nachtlebens, war für uns von Anfang an sehr wichtig. Sie sollte in einem möglichst starken Kontrast zu den anderen Straßen stehen. Ob wir in der Serie ein Kaufhaus brauchen, stand damals noch nicht fest. In den Romanen von Volker Kutscher schimmern allerdings Kaufhäuser immer wieder durch. Außerdem waren große Kaufhäuser damals, in der Phase der ersten Generation dieser neuen Einkaufsidee, extrem modern. Bei der Recherche sind wir dann auf die Familie Adam gestoßen, eine wohlhabende, jüdische Kaufmannsfamilie, die Ende der 1920er Jahre an der Wilhelmstraße Ecke Leipziger Straße einen Kaufhausneubau plante. Fritz Adam, der damalige Kaufhausinhaber, hatte dafür einen Wettbewerb ausgeschrieben, an dem sich die besten Architekten der Moderne beteiligten, alles damals schon große Namen: Peter Behrens, Mies van der Rohe und Hans Poelzig. Das Gebäude ist nie realisiert worden, die Familie musste 1934 nach England emigrieren. Aber die Entwürfe sind erhalten geblieben. Sie sind uns im Laufe der Recherche über moderne Kaufhausarchitektur gewissermaßen in den Schoß gefallen und waren Inspirationsquelle für unseren Kaufhausbau. Und jetzt kommt die Überraschung: Der Sohn von Fritz Adam, Klaus Adam, gab sich in England einen neuen Namen: Ken Adam. Und dieser Ken Adam wurde Filmarchitekt, vielleicht der berühmteste Filmarchitekt überhaupt. Er war verantwortlich für den Look der James-Bond-Filme bis Ende der 1970er Jahre. Und ich behaupte, dass ohne diesen begnadeten Künstler die Reihe nie ihren Stil und ihre Grandezza gefunden hätte. Dieser Zusammenhang war für uns eine sehr emotionale Geschichte. Das Kaufhaus „Adam & Söhne" ist daher eine Reminiszenz an den berühmtem Ken Adam, eine Hommage, die uns Filmschaffenden sehr viel bedeutet.

Und gegenüber vom Kaufhaus lockt dann das legendäre „Moka Efti" ...

Ja, das war der einzige wirklich protagonistische Ort der Straße, eine sehr frühe Idee. Das historische „Moka Efti", das in der Friedrichstraße Ecke Leipziger Straße stand, fand von außen gar nicht richtig statt. Vom ersten Stock lockten Leuchtreklame und viel Licht, aber der Eingang war eher klein und unscheinbar. Der Clou war hier die Rolltreppe, die nach oben führte: Das war damals eine Sensation und schnell ein Markenzeichen des Kaffeehauses. Bei uns ist das „Moka Efti" hingegen schon von außen ein Hingucker. Moderne Gebäude aus der Zeit, die uns hier inspiriert haben, gibt es ja zahlreiche: Kaufhäuser, Kinos, Geschäftshäuser, meistens mit vertikaler Linienführung und mit viel Licht und Glas. Diese historischen Vorlagen standen Pate für unser „Moka Efti". Dann hat Daniel Chour, unser ausführender Art Director, übrigens der einzige richtige Architekt in

Der „Holländer" ist die Bar „Tausend"

unserem Team und der beste Entwurfszeichner, den ich kenne, daraus etwas Neues zusammengezaubert.

Die Innenaufnahmen sind nicht in der „Berliner Straße" in Babelsberg, sondern im ehemaligen Stummfilmkino „Delphi", in Weißensee gedreht worden. Wie wurde ein ehemaliges Kino ins „Moka Efti" verwandelt?

Wir haben lange nach einem Ort für unser „Moka Efti" gesucht. Wir waren an vielen Orten, die gastronomisch genutzt wurden. Aber um sich dort für ein bis zwei Wochen freizukaufen, hätte man abenteuerliche Summen ausgeben müssen. Das war alles ziemlich heillos. Dann kam ein Tipp unseres Regisseurs Henk Handloegten, der das „Delphi" gut kannte. Das ehemalige Kino stand ewig leer und hatte neue Betreiber bekommen, die hier eine kleine, unabhängige Kulturstätte betrieben. Ein Gebäude, das wir aus dem Dornröschenschlaf wach küssen konnten, das war natürlich extrem reizvoll. Interessant ist ja, dass das Gebäude von außen kaum wahrnehmbar ist. Die Fassade bröckelt, die Eingangstür ist klein, und es gibt nur zwei kleine Schmuckfenster. Und innen dann dieser seltsam ruinöse, fast entkernte, wunderschöne Saal! Die Böden, ein bisschen Holztäfelung und dann die schönen großen Bogen, die die Bühne umfassen, sind noch da. Ansonsten präsentiert sich das Gebäude in diesem typischen Berlin-Zustand, in dem man Orte ihrem Schicksal überlässt und der ihre Geschichte zeigt: Wände mit offenem Putz und fehlender Stuck und alles ein wenig marode. Wir haben uns dann mit den Betreibern zusammengesetzt, die das „Delphi" sanieren und damit für künftige Kulturveranstaltungen weiter beleben wollten. Das war wirklich eine schöne Konstellation. Wir wollten den Saal grundsätzlich in der Optik belassen, wie er war, mussten ihn aber aufpeppen, weil er doch zu stark ruinös war. Aber das ging nur so weit, wie es die Betreiber des „Delphi" selber auch planten. Wir haben dann Reste der Täfelungen nachlackiert, ganz schlimme Stellen in den Wänden ausgeglichen, Heizkörper verkleidet, die Theke, die sich in „Eiche rustikal" präsentierte, schwarz lackiert, Türen und Bühne bearbeitet, alles etwas frischer gemacht. Damit konnten wir den Leuten dort gewissermaßen unter die Arme greifen und damit den Raum auch nachhaltig verbessern. Nach den Dreharbeiten mussten wir dann nur die dekorativen Elemente, die wir ergänzt hatten, entfernen. Den Rest haben wir in einem verbesserten Zustand hinterlassen – das ist natürlich ein schönes Ergebnis. So einen fantastischen Saal aus dem Dornröschenschlaf wiederzubeleben war natürlich für alle Beteiligten ein Glücksfall!

„Zu Asche, zu Staub", den Erfolgssong der Serie, singt die Schauspielerin Severija Janušauskaitė auf der Bühne, eingefasst von den Lichtbogen – ein Bild, das Millionen von Zuschauern beeindruckt hat. Die Bogen konntet ihr so nutzen?
Die Bogen waren schon da und die Beleuchtung eigentlich auch funktionstüchtig. Allerdings war kaum eine Glühbirne heil. Wir haben uns dann die Mühe gemacht, diese Unzahl an Glühbirnen auszutauschen. Die hatte jahrzehntelang nie jemand gewechselt, weil man da, in luftiger Höhe, fast unmöglich rankommt. Selbst mit hohen Leitern wäre das ein halsbrecherischer Job gewesen, den man keinem zumuten kann. Aber wir haben dann einen Hebekran rangeschafft und unsere bühnentechnischen Elektriker konnten so die Lichtbogen neu bestücken.

Keine so große Entdeckung, aber irgendwie doch überraschend, ist der Alexanderplatz als Drehort. Gleich zu Beginn der Serie taucht er auf. Da haben sich viele gedacht: An diesem Platz werden die nie und nimmer wirklich gedreht haben ...
Der Alexanderplatz war der schwierigste vorstellbare Drehort in Berlin, das war wirklich kompliziert. Insgesamt lief die Planung für die Dreharbeiten hier über mehr als ein Jahr. Die Rote Burg, das Polizeipräsidium, stand früher am Alexanderplatz. Also sind wir davon ausgegangen, dass der Platz ein zentraler Handlungsort der Serie wird und wir uns viel auf dem Platz aufhalten werden. Und dann kam die banale Frage: Wie in drei Teufels Namen kann man denn hier drehen? An dem Platz, der voll ist mit Gebäuden aus dem Sozialismus und mit Neubauten? Wir spielten verschiedene Denkmodelle durch. Eine frühe Idee war, dass wir für den Platz ein digitales 360-Grad-VFX-Modell erfinden müssten, was einen fast nicht leistbaren Aufwand bedeutet hätte. Wir vertagten die Frage eine Weile, bis die Handlung konkreter wurde und wir besser wussten, was genau an dem Platz passieren soll. Dann haben wir angefangen, zu überlegen, welche Schritte die Protagonisten machen, wie man die Blicke einschränken kann, von Bildkante zu Bildkante, keinen Zentimeter mehr. Das ist natürlich ein kleinteiliger und mühseliger Prozess, gerade bei so einem großen Platz. Irgendwann war klar, dass es doch nicht so viele Szenen hier sind und wir diese auch gut eingrenzen können. Dann haben wir uns noch mal auf den Platz gestellt und überlegt: Wenn wir die Behrens-Bauten „kaufen" würden ...

... das Alexanderhaus und das Berolinahaus, jene zwei Gebäude aus der Weimarer Republik, die beide ab 1929 von Peter Behrens gebaut wurden und auch im Buch auftauchen ...

... wenn wir die also integrieren in unser Bild und einen meist starren Blick auf das Alexanderhaus und knapp daneben haben würden, dann könnten wir unsere Hauptachse definieren. Die Gegenschüsse spielten dann keine große Rolle mehr. Das ist natürlich wirklich filmisch-technisches Denken. Wenn uns das Alexanderhaus so viel Deckung geben würde, dann wäre es ja nur das Erdgeschoss, das wir bespielen müssten – und das ist mit relativ geringem Aufwand möglich. So wie bei der Tchibo-Filiale, wo wir einen Photomaton-Laden reingesetzt haben – das war damals eine Sensation, die ersten Fotoautomaten überhaupt.

Wie ist das Verhältnis zur Baugeschichte des Platzes? Das Alexanderhaus zum Beispiel war im Mai 1929, der Handlungszeit der Serie, ja noch gar nicht fertig.

Wir haben eine umfangreiche, nahezu lückenlose Recherche und Dokumentation über den Alexanderplatz angelegt. Der Platz war damals eine permanente Baustelle und hat eine extrem komplizierte Baugeschichte: Wann haben welche Bauarbeiten genau angefangen und wie sind sie vorangeschritten, wann war das eine, wann das andere Gebäude fertig, wie lange stand das alte „Aschinger"-Restaurant noch vor dem Alexanderhaus? Aber man muss ein ziemlicher Stadtexperte sein, um die Details genau zu kennen. Bei den Behrens-Bauten standen wir vor der Entscheidung: Entweder nehmen wir sie so, auch wenn sie genau in unserer Zeit noch nicht fertig waren, oder wir können den Alexanderplatz nicht nutzen als Drehort. Daher haben wir gesagt: Die Bauten sind aus der Zeit, ob jetzt ein oder zwei Jahre vor oder zurück, ändert für uns nichts an unserer inhaltlichen Aussage. Es geht um diesen Ort in der Spätphase der Weimarer Republik – und die Tatsache, dass hier noch Gebäude aus der Zeit stehen, ist so verblüffend und auch für den Zuschauscher bereichernd, dass wir uns diese Freiheit einfach erlauben. Wir drehen letzten Endes ja auch eine fiktionale Serie und keinen Dokumentarfilm.

Der Platz ist einer der belebtesten der Stadt, ein Verkehrsknotenpunkt mit mehreren Straßenbahnlinien und den ganzen Geschäften und einer Shopping Mall drum herum. Da sind Dreharbeiten doch eine große Herausforderung?

Zunächst einmal muss man die Stadt Berlin loben für die grundsätzliche Unterstützung bei Dreharbeiten und speziell auch hier. Vonseiten der Stadt wurde klar gesagt: Ihr könnt auf dem Alexanderplatz drehen, aber nur am Sonntag und auch nicht länger als einen Tag am Stück. Bei so einem öffentlichen Ort hast du dann erst ab Samstag Abend, wenn die Geschäfte schließen, die Möglichkeit, dekorative Eingriffe vorzunehmen, wie zum Beispiel bei der Tchibo-Filiale. Zur anderen Seite des Platzes hin, Richtung Kaufhof, haben wir den Platz mit einem großen Bauzaun abgesperrt, mit blauer Plane, die gleichzeitig als Blue Screen diente. Mit der ganzen Vorbereitung, dem Einrichten, Aufbauen und Abwickeln hast du dann nur noch einen halben Drehtag übrig. Aber dann haben wir gedreht. Fluch und Segen zugleich war, dass an diesem Tag der Velothon, der Fahrradmarathon, stattfand. Zum einen fuhr daher den ganzen Tag keine Straßenbahn über den Platz, da die Velothon-Strecke nicht überquert werden konnte. Aber für uns war das auch verheerend, da wir die Komparserie und das Team kaum an den Alexanderplatz bekamen – die ganzen Zugangsstraßen waren gesperrt. Also insgesamt ein sehr schwieriger Dreh.

Liv Lisa Fries auf dem Alexanderplatz

Wie war das am Hermannplatz? Drehen in einer U-Bahn-Station ist sicherlich auch nicht ganz einfach.
Die Dreharbeiten am Hermannplatz waren im Vergleich gar nicht so schwierig. Der U-Bahnhof ist in einer Art Originalzustand. Das schreiende Gelb der Kacheln auf dem U-Bahnhof ist – obwohl ich es persönlich etwas irritierend finde – tatsächlich original. Auch die BVG zeigt sich grundsätzlich sehr kooperativ. Natürlich gibt es aber auch hier relativ strenge Vorgaben, wann man was machen darf. Es kann nur gedreht werden, wenn kein Schienenverkehr ist, also zwischen 0:30 und 4:00 Uhr. Die historische U-Bahn wurde von der BVG gestellt. Sie fährt immer von hinten rein, hält, fährt weiter – und muss dann aber relativ schnell wieder zurückkommen. Das geht hier ganz gut, da es einen Wendepunkt gibt und sie zurückfahren kann. Bei anderen Bahnhöfen wäre sie vielleicht einmal durchgefahren, und das wäre es gewesen – weil sie erst zehn Stationen später wenden kann.
Ansonsten mussten wir hier nur eher kleinere Veränderungen vornehmen. Im U-Bahnhof gibt es zum Beispiel einen Kiosk aus Edelstahl, der von uns verschalt wurde. Dann wurden natürlich die ganzen Beschilderungen überdeckt und unsere auf alt gemachten Schilder draufgeklemmt. Über die großen Kästen mit den LED-Fahrtzielanzeigern haben wir Holzkästen gestülpt mit den alten Fahrtzielen. Die aktuellen Kästen konnten wir nicht abmontieren, dazu hatten wir keine Zeit. Wir schauten natürlich, was es an Fotomaterial aus der Zeit gab, um uns dann daran zu orientieren. Insgesamt

sind das viele hundert Kleinigkeiten. Wir mussten bei laufendem Betrieb vorarbeiten – und da brauchst du, gerade an diesem Bahnhof mit seiner besonderen Energie, viel Security, um all die Materialien, das neue Werkzeug oder die Requisiten zusammenzuhalten.

Gereon Rath ist in der ersten Staffel auf der Suche nach kompromittierendem Filmmaterial und stattet daher einem Filmkopierwerk einen Besuch ab. Beim Drehort gab es keine Wahl, oder?

Wir mussten natürlich zu den Geyer-Kopierwerken gehen! Eigentlich alle von uns sind in ihren jungen Jahren mal da gewesen, zum Beispiel, um als Fahrer an der Pforte das Filmmaterial des Tages abzugeben oder abzuholen. Geyer ist für jeden älter werdenden Berliner Filmschaffenden – und wir sind ja auch nicht mehr ganz jung – ein nostalgischer Ort, das mussten wir einfach mit reinnehmen. Und als es hieß, lass uns im Tor bei Geyer drehen, da wussten alle, zumindest die etwas Älteren, auch sofort Bescheid und hatten die schöne Fassade und den Gang mit der Pforte, wo man seine Filmrollen abgeben konnte, vor Augen.
Das Gebäude selbst war damals flammend neu, 1927 gebaut. Zu dem Zeitpunkt war Geyer schon eines der größten Kopierwerke in Europa. Heute ist die Pforte selbst ein fürchterlich moderner Verhau. Den mussten wir komplett überdecken und einen Raum im Raum schaffen, alles verkleiden und neu herstellen. Eigentlich ein richtig kniffliger Drehort, dafür, dass hier kaum eine Handlung stattfindet. Aber eine wunderbare Hommage, ein nostalgischer Spaß!

Das beeindruckende Ullsteinhaus in Tempelhof taucht in der dritten Staffel ganz kurz auf. Es wird suggeriert, dass sich die Redaktion der Zeitung ‚Tempo' hier befindet ...

Wir hatten relativ lange in der Nachbarschaft des Ullsteinhauses unseren Produktionsstandort und haben das Gebäude jeden Tag gesehen und bewundert. In unserer Story hatten wir mehrere Momente im Zeitungsviertel Berlins, das sich ja eigentlich rund um die Kochstraße, am heutigen Checkpoint Charlie, befand. Da waren früher alle Verlagshäuser mit ihren Redaktionen, Mosse, Scherl und eben Ullstein. Im Ullsteinhaus in Tempelhof befand sich nur das Druckhaus. Aber bis auf das Mossehaus sind alle alten Verlagsgebäude zerstört, und historische Bilder von Ullstein in der Kochstraße sind merkwürdigerweise schwer zu finden. So haben wir uns hier einen kleinen Spaß erlaubt: Eigentlich nutzen wir das „falsche" Ullsteinhaus, da hier keine Redaktionen waren. Aber das Gebäude sieht einfach fantastisch aus, und wir lieben es einfach!

Was nur sehr sparsam eine Rolle spielt, sind die großen historischen Highlights der Stadt, sozusagen das „touristische Berlin". War das Absicht?

Die Frage stellte sich nicht für uns – oder sie stellte sich anders: Wir wollen mit unserem ‚Babylon Berlin' geschlossener bleiben, mit Orten, die wir selber definieren oder bestimmen. Eigentlich gab es keine richtigen Momente dafür – oder wenn, dann hatten wir in der „Berliner Straße" mehr Möglichkeiten. So zum Beispiel beim „Café Josty", damals eines der bekanntesten Kaffeehäuser, direkt am Potsdamer Platz gelegen. Dessen Gestalt ist schwer wiederherzustellen. Uns ging es auch nicht darum, den Platz zu imitieren, aber wir haben das Café als Referenz an das großstädtische Treiben der Stadt mit hineingenommen und an einen fiktiven Platz gelegt, den wir digital hergestellt haben. Außerdem wollten wir auch nicht zum tausendsten Mal die Oberbaumbrücke zeigen. Aber einen schönen Moment gibt es doch: die Spree an der Museumsinsel, mit den Kolonnaden der Alten Nationalgalerie – da schwimmt in der Folge vier die

Lars Eidinger in der Kirche St. Martin

Leiche eines Russen. Hinterlegt wird die Szene mit dem schönen, etwas kitschigen Song „Das ist Berlin", gesungen von Marlene Dietrich. Gewissermaßen unser „Fremdenführermoment", inklusive Wasserleiche …

Gibt es einen Ort in Berlin, vielleicht sogar ein Gebäude aus der Weimarer Republik, wo ihr gerne noch drehen würdet?
An der Straße nach Köpenick, an der langen und öden Köpenicker Chaussee, liegt dieses riesige Heizkraftwerk Klingenberg mit einer Brücke über die Straße. Diese markante Fassade ist mir schon früher aufgefallen – aber in letzter Zeit bin ich häufiger mit meinem Roller da vorbeigefahren. Ich komme aus dem Ruhrgebiet und habe eine starke Affinität zu den Industriepalästen dieser Zeit. Dieses Gebäude möchte ich unbedingt einmal nutzen – vielleicht als relativ abstrakten Ort, an dem sich jemand entlangschleicht. Das hat sich bei mir ganz fest eingebrannt, das finde ich spektakulär!

SÜDWESTEN

Asien oder Mittelalter? Die Kreuzkirche am Hohenzollerndamm

Endlich ist es so weit. Am dritten Adventssonntag 1929 wird die Kreuzkirche geweiht, die schon wesentlich früher hätte fertig sein sollen: Die Bauzäune standen schon, aber dann untersagte 1916 das Kriegsministerium den Baubeginn – es gab dringlichere Aufgaben in Kriegszeiten. Nach dem Krieg fehlte zunächst das Geld. Und dann war man mittendrin in einer neuen Zeit, in der moderner gebaut wurde. Daher passte der ursprüngliche Entwurf des Architekten nicht mehr, weswegen Ernst Paulus die Pläne noch einmal überarbeiten musste. Der Architekt kannte sich aus mit Kirchen, sein Büro hatte vor der Kreuzkirche bereits sieben Kirchen in Berlin realisiert. Für die neuen Pläne der Kreuzkirche holte er sich seinen Sohn Günther dazu – einen jungen Mann mit neuen Ideen. Diese familiäre Teamarbeit sollte sich lohnen.

„Unabhängig und kühn haben die Architekten den Ausdruck der Zeit gesucht – und gefunden", schreibt begeistert die ‚Deutsche Allgemeine Zeitung'. Die Kreuzkirche ist einer der wenigen expressionistischen Sakralbauten der Stadt. Mit einem spektakulären Entree: Eine Art Pagode empfängt die Gemeindemitglieder, mit blau glasierter Keramik, figürlichen Darstellungen, geschwungenem Dach. Willkommen in Asien! Der Bau selbst wirkt dann eher wie eine mittelalterliche Trutzburg. Oben auf dem rechteckigen Turm thronen pyramidengleich drei Spitzen. Beeindruckend sind die kunstvoll gedrehten Säulen und die Engelsfiguren an den Turmecken.

„Es ist hier der Versuch gemacht worden [...], ein Bauwerk zu schaffen, das vielleicht ein Schritt vorwärts im protestantischen Kirchenbau sein mag", schreiben 1930 Vater

und Sohn Paulus über ihre gemeinsame Arbeit. Für einige wenige mindestens ein Schritt zu viel. Die praktischen Neuerungen seien zwar zu begrüßen, trotzdem „wird doch ein großer Teil der evangelischen Bevölkerung an dem ganzen Baustil nicht unberechtigt Befremden nehmen." Das Befremden ist glücklicherweise der Begeisterung gewichen. Aufgrund dieses exotischen Zaubers hat die Kirche unter Architekten den Spitznamen „Sarotti-Kirche" bekommen.

Hohenzollerndamm 130
14199 Berlin

Ein Kraftwerk Gottes vom Klinkerfürst • die Kirche am Hohenzollernplatz

Der „Klinkerfürst aus Hamburg" hat auch in Berlin Spuren hinterlassen. Die Kirche am Hohenzollernplatz, ein Prachtexemplar unter den expressionistischen Kirchen Deutschlands, stammt von Fritz Höger, dem Erbauer des Chilehauses im Hamburger Kontorhausviertel. Denkt man sich den schlanken Turm und die markante Eingangspforte weg, könnte die Kirche aus der Ferne als einer der vielen Backsteinbauten der „Elektropolis" Berlin durchgehen. Ein Kraftwerk Gottes, aber ein besonders edles Exemplar. Rotviolette, zum Teil vergoldete Klinker schmücken die Fassade. Klinker? Für Höger sind es „Bauedelsteine". Geht man die monumentale Treppe zum Eingang hoch, fängt es unter dem neogotischen Spitzbogen plötzlich an zu flimmern und zu blinken. Farbige und vergoldete Mosaiksteine schmücken das Portal. Eine fast mystische Stimmung. Im Inneren der Kirche dann wieder Spitzbogen: „Gotischen Geistes freilich sollte mein Bau sein, wie alle meine Bauten dieses innere Gepräge tragen."

Die Befähigung, einen sakralen Bau zu realisieren, wurde Höger von der Presse teilweise abgesprochen, nachdem die Gemeinde ihn 1927 nach einem gescheiterten Architekturwettbewerb als Retter berufen hatte. So stänkerte sie gegen Högers Architektur, seine kalte und ausdruckslose lange Latte als Kirchturm und die fehlende gläubige Inbrunst im Bau. Aber Höger konterte: „Wehe dem Baumeister, der beim Bau eines Gotteshauses, der höchsten Aufgabe, nicht in leidenschaftliche Begeisterung gerät, er sollte lieber nicht mehr ‚Baumeister' sein!" Baumeister in Berlin war vor allem Högers Mitarbeiter Ossip Klarwein, der den Entwurf und die Bauausführung verantwortete. Die Einweihung der Kirche im März 1933 erfolgte in einer anderen, düsteren Zeit: In der ersten Reihe stellte sich die SA mit ihrer Standarte auf. Höger arbeitete auch im Nationalsozialismus weiter. Klarwein emigrierte ins damalige Palästina und baute später die Knesset, das israelische Parlamentsgebäude.

Nassauische Straße 66–67
10717 Berlin

Taj Mahal in Wilmersdorf • die Ahmadiyya-Moschee

Zwei Minarette, eine Kuppel, orientalisch anmutende Verzierungen, filigrane Säulen, alles blendend weiß: Was verbirgt sich hinter der Miniaturversion des indischen Weltwunders Taj Mahal? Wir stehen vor der 1928 eröffneten Ahmadiyya-Moschee in Wilmersdorf, der ältesten Moschee Deutschlands. Um den Islam in Europa zu verbreiten, wählte einst die indische Ahmadiyya-Gemeinde als Start für dieses Vorhaben Berlin. 1928 öffnete die schmucke Moschee im indischen Mogulstil ihre Pforten. Sie war von Anbeginn eine Spielwiese verschiedener Religionen und Kulturkreise. Das lag vor allem am damaligen Gemeindeleiter, dem homosexuellen Schriftsteller Hugo „Hamid" Marcus, der vom Judentum zum Islam konvertiert war. Migranten aus Ägypten, Persien, Afghanistan gingen hier ein und aus, aber auch Prominente wie Albert Einstein, Thomas Mann und Hermann Hesse fanden den Weg in die Moschee. Im Zweiten Weltkrieg wurden die Minarette als MG-Stellungen missbraucht und dabei zerstört. Heute, nach einer grundlegenden Sanierung, strahlt das Taj Mahal von Berlin wieder in fernöstlichem Glanz.

Brienner Straße 7/8
10713 Berlin

Atelier mit Ausblick • die Ceciliengärten

„Rinnsteinkunst", schimpfte der Kaiser. Als „entartete Kunst" diskreditierten sie die Nationalsozialisten. Aber die Weimarer Republik würdigte, ja feierte die Kunst des Malers Hans Baluschek. Vor allem der Bezirk Schöneberg, denn hier lebte er insgesamt mehr als drei Jahrzehnte. Als kleines Dankeschön erhielt er 1929 ein Atelier mit Ausblick, kostenfrei. Es war der Turm im Eingangsgebäude der Ceciliengärten. Von dort aus konnte er, zumindest bis zum Rausschmiss durch die Nationalsozialisten, auf seine Lieblingsmotive blicken: die Eisenbahn und andere Schöneberger Industrieanlagen. Baluschek war aber auch bekannt für sozialkritische Straßenszenen aus Berlin, zeigte ungeschminkt Armut und Elend, Schmutz und Verwahrlosung in der Großstadt.

Genau das gibt es in den Ceciliengärten nicht. „Mietskasernen in einer zeitgemäßen Ausführung", so lautet der Auftrag von Heinrich Lassen, Stadtbaurat von Berlin-Schöneberg. Die Ceciliengärten stehen beispielhaft für das „befreite Wohnen": helle und familiengerecht geschnittene Wohnungen mit Balkon oder Loggia, mit Gemeinschaftseinrichtungen wie Waschhäuschen, umgeben von Gartenanlagen und Spielplätzen. Doch so modern das städtebauliche Konzept, so konservativ die Ästhetik. Heinrich Lassen ist kein Freund der Neuen Sachlichkeit. Mit ihren verspielten Details und figürlichen Ornamenten aus Verkehr, Alltag und Tierwelt stehen die Ceciliengärten eher in der Tradition des Art déco und des Jugendstils. Die gärtnerische Anlage mit japanischen Kirschbäumen, einer von Rosenhecken umsäumten Parkanlage mit Wasserbecken sowie zwei überlebensgroßen Frauenskulpturen von Georg Kolbe ist eine besondere Idylle in der Großstadt. Zwar laufen die konservativen Herren der Landeskunstkommission gegen die beiden nackten Damen Sturm. Aber der Sturm läuft ins Leere, die Damen dürfen bleiben und stehen heute, nach mehreren kriegsbedingten Umzügen, wieder hier an ihren angestammten Plätzen.

Ceciliengärten
12159 Berlin

Das Mystikum der Parfümeure • die Parfümeriefabrik Scherk

„Mystikum", das war der Duft, der die Welt der 1920er Jahre betörte. „Schöner werden beginnt mit Scherk", lautete der Werbeslogan der Kosmetikfirma. Parfüm und Puder, Make-up, Lidschatten und Lippenstift: An Scherk kam vor allem die stilbewusste Frau der Weimarer Republik nicht vorbei. 1931 machte der internationale Topseller „Tarr", ein Rasierwasser, auch die Herren glücklich. Zur guten Laune am guten Duft gehörte immer die Verpackung. Parfüm und Rasierwasser kamen in auserlesenen Art-déco-Glasgefäßen und Puderdosen in edlem Metall daher. Und die Verpackung musste auch beim neuen „Headquarter" in Steglitz stimmen: Für den Entwurf des Gebäudes gewann man Fritz Höger, den Architekten des berühmten Chilehauses in Hamburg. Geometrische Muster aus vor- und zurückspringendem Mauerwerk verzierten den dunkelroten Klinkerbau, zackenartige Fassaden schlossen das Gebäude gen Himmel ab, und der Eingangsbereich wirkte wie aus einer Stummfilmkulisse – ein Kleinod des Backstein-Expressionismus.

Leider verzichtete man beim Wiederaufbau nach dem Krieg auf viele Verzierungen. 2006 wurde eine Gedenktafel am Scherk-Haus angebracht, die an die Enteignung der Unternehmerfamilie durch das NS-Regime erinnert.

Kelchstraße 31
12169 Berlin

Wo Fritz Lang im Ring boxte • die Versuchssiedlung in der Schorlemerallee

Medienrummel in der Schorlemerallee: ‚Die Dame' kommt nach Dahlem und hat ihren besten Fotografen mitgebracht. Das mondäne, freigeistige, avantgardistische Magazin der Moderne macht einen Hausbesuch bei Fritz Lang. Wir sind im Jahr 1932, drei Jahre, nachdem Fritz Lang mit seiner Frau Thea von Harbou vom Hohenzollerndamm weiter in den Süden gezogen ist. Natürlich interessiert sich der Fotograf Martin Munkácsi vor allem für das Interieur im Haus des Starregisseurs. Gibt es den Boxring im Wohnzimmer wirklich? Wo arbeitet das Künstlerpaar an neuen Projekten? Und ist die Hausbar wahrhaftig aus Kupfer?

Die Fotografien von Martin Munkácsi geben einen Einblick in das Privatleben von Fritz Lang. Aber seine Home-Story zeigt nicht das eigentlich Bemerkenswerte der Straße am Breitenbachplatz. Das Haus von Fritz Lang gehört zur Versuchssiedlung der Brüder Hans und Wassili Luckhardt und ihres Partners Alfons Anker. Die drei, Mitglieder der progressiven Architektenvereinigung „Der Ring", kaufen sich hier 1924 Grund und Boden und beginnen zu bauen. In der Schorlemerallee entsteht eine Spielwiese für neues Bauen, eine Experimentierfläche für neue Bautechniken und Baumaterialien. Ohne Bauherren, die an den Plänen rumnörgeln, ohne Investoren, die für die beste Rendite kämpfen, aber auch auf eigenes Risiko stellen die Architekten in den nächsten Jahren mehrere Reihenhauszeilen und Wohnhäuser fertig.

Da die Häuser in mehreren Abschnitten gebaut werden, probieren die Architekten verschiedene Techniken aus. Zunächst schichten die Bauarbeiter noch Stein auf Stein, nach klassischer Mauerwerkstechnik. Aber 1927 folgt dann das Experiment: Die Hausnummer 17B, ein etwas zurückgesetztes Atelierhaus, ist der erste Stahlskelettbau der Versuchssiedlung. Das Stahlskelett wird mit vorgefertigten Bimsbetonplatten geschlossen, die Fugen werden mit Spritzbeton ausgefüllt – eine neue Konstruktionsart. Als dritter und letzter Teil der Siedlung auf der anderen

Straßenseite entsteht, komplett aus Stahlbeton, eine radikal schnörkellose Häuserzeile.

Eine kleine, aber bemerkenswerte private Bauausstellung ist hier zu bewundern, beispielhaft für die bisher kaum erprobten Konstruktionsweisen des Neuen Bauens. Die Architekten haben sowohl für den Außenbereich als auch für das innere Raumprogramm neue Wege gefunden. Kubisch gestaffelte Baukörper mit Flachdach, keinerlei Dekor, bis auf ein paar rote Ziegelbänder alles in Weiß gehalten: Ästhetisch ist das Ergebnis ein Schock für viele der Villenbesitzer in Dahlem. Aber das stört die ersten Bewohner nicht. Vor allem nicht die Architekten, die ziehen nämlich selbst ein. Dicht beieinander, getrennt nur von dem gemeinsam genutzten und leicht zurückgesetzten Atelierhaus, wohnen die Brüder Luckhardt und Alfons Anker.

Aber Fritz Lang ist natürlich der prominenteste Bewohner der kleinen Siedlung. Lang ist auf dem Höhepunkt seines Schaffens und arbeitet gerade an dem Film ‚M – Eine Stadt sucht einen Mörder'. Hier, in dem schlichten Bau, findet er optimale Arbeitsbedingungen. Und tatsächlich hat er einen Boxring, in dem er regelmäßig trainiert, sowie seine Kupferbar. Aber nur vier Jahre bleibt Lang in der Nummer 7 wohnen, dann verlässt er Frau und Land, um sich in Amerika eine neue Existenz aufzubauen. Heute ist in dem Haus eine Kieferorthopädie-Praxis untergebracht. Behandlungsstuhl statt Boxring.

Schorlemerallee
14195 Berlin

19

Der Dächerkrieg • die Waldsiedlung Zehlendorf

Die Stimmung brodelt im beschaulichen Zehlendorf. Politik, Architekten, Presse und die Zehlendorfer selbst, alle beteiligen sich an der hitzigen Auseinandersetzung im Herbst 1928. Unversöhnlich stehen sich die Kontrahenten gegenüber. Grund des Streits sind die Zehlendorfer Dächer, genauer: Flachdächer und Steildächer. Die Flachdächer gehören zur Waldsiedlung Zehlendorf, bekannter unter dem Namen „Onkel Toms Hütte", errichtet von der Wohnungsbaugesellschaft GEHAG. Die Steildächer der Siedlung am Fischtalgrund hat die GAGFAH zu verantworten. Orientalisch flache Dächer versus altdeutsche Steildächer: Willkommen im Zehlendorfer Dächerkrieg!
Die Auseinandersetzung beginnt schon lange vor dem Bau der Waldsiedlung, als die ersten Entwürfe präsentiert werden. Federführend: der Bezirk selbst. Diskutiert wird zum Beispiel die Höhe der Häuser: Sind es jetzt zweieinhalb Stockwerke oder nicht zulässige drei Stockwerke? Die flachen Dächer erinnerten an orientalische Gefängnisse und würden das schöne Zehlendorf verschandeln! Scheußlich sei die Zigarrenkastenkunst, die nach Südamerika gehöre! Dazu: diese leuchtenden Farben ... Und wer wird hier einziehen? Weniger vermögende Leute, Arbeiter vielleicht, auf jeden Fall Fremdkörper im bürgerlichen Bezirk. Ist ein Ruck nach links zu befürchten? Und am Ende wird auch der Schutz des Waldes bemüht, „unseres in höchster Gefahr befindlichen wehrlosen Freunds".
Den Bau der Siedlung können Bezirk und Anwohner nicht verhindern. Die Architekten Bruno Taut, Hugo Häring und Otto Rudolf Salvisberg teilen sich das Gelände auf. Taut bekommt den größten Teil des Kuchens und verteilt dabei auch am meisten Farbe. So bunt, dass bald der Spitzname „Papageiensiedlung" auftaucht. Die Farben werden teilweise den unterschiedlichen Sonnenständen entsprechend gewählt. So bekommt die Westseite der Häuser von Taut einen warmen, rotbraunen Ton, die Ostseite dagegen wird graugrün gestrichen. Auch Tauts Kollegen setzen Farben ein, allerdings etwas moderater als der Meister des Tuschkastens. Die besondere Qualität der Siedlung liegt in ihrer Vielgestaltigkeit, die die Natur und vor allem die alten Grunewaldkiefern bewusst mit einbezieht. Die Dächer sind natürlich flach. Als schon große Teile der Waldsiedlung fertiggestellt sind, präsentiert die andere Wohngesellschaft, die GAGFAH, die Musterhäuser ihrer Siedlung am Fischtalgrund direkt gegenüber. Siebzehn namhafte Architekten dürfen sich hier ausprobieren, dazu gehören unter anderem Hans Poelzig und Heinrich Tessenow.

FRISIERKUNS

Am 1. September 1928 können die Musterhäuser besichtigt werden. Jetzt kochen die Emotionen hoch. Die Befürworter der Flachdachsiedlung von Bruno Taut und Kollegen üben heftige Kritik: Eine starre Sperrkette würde den Bewohnern der schönen Siedlung die freie Sicht rauben. Niemals würden die neuen, spitzen Giebel mit den rhythmisch schönen, flachen Dächern Frieden schließen. Die neuen Häuser seien ein peinlicher Protest, ein Statement des Spießers, der etwas retten wolle, was schon untergegangen sei. Es wird nun politisch, es geht um Gesinnung. Oder vielmehr: die Gesinnungslosigkeit der heimattümelnden Architekten. Ein Glaubenskampf. Die so gescholtenen Architekten wie Heinrich Tessenow distanzierten sich teilweise von den Bauten. Er hätte eigentlich nichts mit den Häusern zu tun. Allerdings gab es auch einige, die versuchten, die Angelegenheit nicht nur zu entpolitisieren, sondern auch den anscheinend unvereinbaren Gegensatz der Dachformen zu relativieren. Finden sich nicht auch in der Hufeisensiedlung, für die maßgeblich Bruno Taut verantwortlich ist, flache und steile Dächer nebeneinander? Und eingezogen ist letzten Endes doch eher der Mittelstand, denn Arbeiter konnten sich die Wohnungen gar nicht leisten.

Später wird der beteiligte Architekt Bruno Taut sagen: „Was damals in dem stillen Waldvorort Zehlendorf sich abspielte, war wie ein Vorläufer dessen, was 1933 ganz Deutschland erlebte." Aber er wirft auch den letzten Stein: An der Argentinischen Allee entsteht eine 400 Meter lange, leicht gebogene Häuserzeile, die man von keiner Stelle aus ganz überblicken kann. Bekannt wird sie als „Peitschenknall".

Die Hütte von Onkel Tom

Thomas, so hieß der Wirt eines bekannten Ausflugslokals in Zehlendorf, das 1885 als „Wirtshaus am Riemeister" erbaut wurde. Überlieferungen zufolge hatte er einen langen Bart und war ein Fan des Romans ‚Onkel Toms Hütte' von Harriet Beecher Stowe. Für seine Wirtshausgäste baute er ein mit Stroh bedecktes Holzhaus, ähnlich der Hütte in Maryland, die die Autorin inspiriert hatte. Verständlich, dass der Anbau des Restaurants „Onkel Toms Hütte" genannt wurde – wie später dann auch die ganze Siedlung und die U-Bahn-Station. Eine Petition forderte kürzlich eine Umbenennung der Station, da der Roman herablassend und beleidigend sei.

U-Bahnhof Onkel Toms Hütte
Ausgang Onkel-Tom-Straße, 14169 Berlin

138

Ein Blumenerker als Zierde • das Haus Lewin

Wie eine Beule wölbt sich das einzige Schmuckelement aus der Fassade des ansonsten schlichten, schnörkellosen Hauses hervor. Es ist der Blumenerker im Haus Lewin. Architekt war Peter Behrens. Nach drei Jahrzehnten des Schaffens mit unzähligen Gebäuden zog ihn dieser vergleichsweise bescheidene Auftrag nach Zehlendorf. Behrens war als Architekt eine Art Chamäleon. Er passte seinen Stil immer wieder den Herausforderungen der jeweiligen Bauaufgabe und dem Zeitgeist an, von Jugendstil über Expressionismus bis hin zur Neuen Sachlichkeit. Das Wohnhaus im Waldsängerpfad ist eines seiner letzten Werke. Behrens gehörte zwar nicht zum Kreis der Avantgardekünstler des Bauhauses. Aber der Lehrer späterer Bauhaus-Architekten gilt als ihr Wegbereiter. Und hier schien er zeigen zu wollen: „Schaut her, auch das kann ich!“ Das Gebäude wirkt wie ein Prototyp eines Bauhaus-Gebäudes. Verschiedene weiße Baukörper verzahnen sich, das Gebäude verfügt über ein Flachdach und verbindende Dachterrassen. Und bis auf den Blumenerker findet man keinen Dekor an den Fassaden.

Waldsängerpfad 3
14129 Berlin

Gewappnet für den Massenansturm • der S-Bahnhof Wannsee

Es ist der 11. Juni 1928: Die Bahn aus Berlin muss jeden Moment am Bahnhof Wannsee eintreffen. Die Wartenden recken ungeduldig die Hälse. Da kommt sie! Langsam rollt der Zug am Bahnsteig ein – aber fehlt da nicht etwas? Wo ist das Dampfen, das Fauchen, das Pfeifen? Wo ist der Geruch nach verbrannter Kohle? Wo die Rauchschwaden aus dem Schornstein der Lok? An diesem Tag beginnt ein neues Kapitel der Berliner Verkehrsgeschichte. Die erste elektrische Bahn fährt von Erkner bis Potsdam, über Wannsee. Es ist die Zeit der Elektrifizierung von Stadtbahn, Ringbahn und Vorortbahn, die 1930 dann ihren bis heute gebräuchlichen Namen erhalten: S-Bahn.

Der neue Bahnhof Wannsee ist gut vorbereitet auf diesen großen Moment. Zwei Monate zuvor ist er eröffnet worden. Denn der Massenansturm der Berliner an den Sommerwochenenden gestaltet sich langsam zu einer Herausforderung. Der Wannsee entwickelt sich immer mehr zur „Badewanne" der Berliner.

Der Architekt des Bahnhofs heißt Richard Brademann. Nutzer der S-Bahn fahren fast täglich an seinen Gebäuden vorbei. Brademann ist für die Reichsbahn das, was Alfred Grenander für die U-Bahn ist: ihr Haus- und Hofarchitekt. Seit 1920 baut er für die Reichsbahn Umform-, Schalt- und Gleichrichterwerke sowie ganze Bahnhöfe. Der in Wannsee ist sein Meisterwerk. Das liegt vor allem am repräsentativen Empfangsgebäude mit seiner achteckigen Kuppel, einer „baukünstlerischen Rarität", so die Denkmalschützer. Sieben Fahrkartenschalter sind für verkehrsreiche Tage vorgesehen. Wartesäle, natürlich in unterschiedliche Klassen unterteilt, Gepäckaufgabe, Büfettbereiche für hungrige Gäste und ein Kiosk sind an das Eingangsgebäude angeschlossen. Außen und innen überwiegend mit rotbunten Klinkern gestaltet, fällt heute vor allem das Mintgrün im Inneren auf: Es ist die vor einigen Jahren restaurierte Originalfarbe. Und draußen, über einer der Eingangstüren, weist ein neckisches Bronzerelief die Gäste im Zeitalter des Tempowahns darauf hin, dass auch Entschleunigung wichtig ist: Man sieht einen Jungen, der auf einer Schnecke Richtung Strandbad reitet.

S-Bahnhof Wannsee
14109 Berlin

AUSGANG
DB Fahrkarte
Information

Die Badewanne der Berliner • das Strandbad Wannsee

Ein Sonntag im August 1930. Strahlend blauer Himmel, Kaiserwetter in der Weimarer Republik. Wir sind Zeugen einer Völkerwanderung. Mit Kind und Kegel brechen die Berliner Richtung Süden auf. Die neu eröffnete und jetzt auch elektrische Stadtbahn ist komplett überfüllt, genau wie die Busse. Dazu einige Privilegierte im eigenen Automobil und sehr viele Drahtesel. Familien, Verliebte, Einzelgänger – sie alle wollen ans Wasser, sie alle haben ein Ziel: den Wannsee. Für einen Ausflug an die mondänen Ostseebäder oder auch in den wirklichen Süden reicht das Geld nicht. Dann holt man sich lieber die Ostsee und auch ein bisschen Italien nach Berlin: Der Sand am Wannsee stammt vom Timmendorfer Strand, das Restaurant heißt „Lido". Willkommen an der Adria Berlins, oder vielmehr: der Badewanne der Berliner!

Baden im Wannsee ist erst seit 1907 erlaubt. In dem Jahr startet auch die Karriere des Strandbads als beliebtes Ausflugsziel der Sonnenanbeter aus Berlin. Mehrmals ausgebaut, stößt es Mitte der 1920er Jahre an seine Grenzen. Dann werden auch noch einige Gebäude bei einem Brand zerstört. Es ist Zeit für ein Weltstadtbad! Der ehrgeizige Stadtbaurat Martin Wagner denkt gerne groß. Ein Weltstadtplatz ist schon in Planung, der Alexanderplatz. Nun ein Bad für die Massen – und damit ein weiterer Baustein der sozialpolitischen Maßnahmen des „Neuen Berlins" und der „Befreiung des Weltstädters".

Als Erstes empfängt die Gäste das Eingangsgebäude des Architekten Franz Fedler, das bereits 1928 fertiggestellt wird. Ein spitzes Dach mit aufgezeichnetem Klinkergiebel und Keramikplatten mit Meerestieren auf der Fassade stimmen die Gäste im eher konservativen Heimatstil auf das Badevergnügen ein. Im Inneren des Bades folgt dann mit Fertigstellung 1930 ein ganz anderer Stil: Neue Sachlichkeit bestimmt die vier großen und mit einem Säulengang verbundenen rechteckigen Hallen. Hier findet der Besucher Garderoben, Duschräume und Geschäfte. Aber das Herzstück eines jeden Strandbads ist natürlich der Strand. Dieser, mit dem besten Sand von der Ostseeküste

D

ausgestattet, ist fast 1.300 Meter lang und 80 Meter breit. Das größte und natürlich modernste Binnenfreibad ist es geworden. Die gelben Klinker der langgezogenen Gebäude harmonieren mit dem Sand und fügen sich so in den dahinterliegenden Kiefernwald ein, dass trotz der Größe oder vielmehr der Länge nicht der Eindruck eines Monumentalbaus entsteht.

Harmonisch ... Das passt allerdings nicht zu den wilden Szenen am Wasser. Wie Ölsardinen drängeln sich die Wasserraten vor allem in den flachen Bereichen . Die Schwimmkünste der Berliner sind damals noch beschränkt. Daher geht Planschen vor. Ein wildes Treiben. Unterbrochen natürlich immer wieder durch den Eisverkäufer – oder auch den Anbieter von sauren Gurken im Eimer, damals ein Knüller. Und wenn nicht gerade eine Musikkapelle Stimmung macht – ein Grammophon ist immer dabei. 1930 ist ein Rekordjahr: 1,3 Millionen Besucher zählt das Strandbad. Ein etwas zu eifriger Zähler berichtet auf einer Postkarte von 100.000 Gästen täglich.

Fertig geworden ist der Bau von Architekt Richard Ermisch trotzdem nicht. Die Wirtschaftskrise und später die Nationalsozialisten, die sowohl gegen die Architektur als auch gegen die sozialpolitischen Vorstellungen Martin Wagners eine Abneigung empfinden, verhindern eine Fertigstellung und damit das Freilichttheater, den Yachthafen, die Seebrücke und das Hotel. Aber nach dem Zweiten Weltkrieg bleibt der Wannsee, bis heute, wichtiger Zufluchtsort der Berliner. Mit dem hundertjährigen Jubiläum 2007 werden auch die in die Jahre gekommenen Gebäude grundsaniert. Nur das „Lido" wartet noch darauf, aus seinem Dornröschenschlaf erweckt zu werden.

Pack die Badehose ein?

Hätte Conny Froboess ihren Schlager 1914 geträllert, hätte es eher „Pack den Badeanzug ein" heißen müssen. Für den Herrn waren damals einteilige Badeanzüge der Renner, während die Damen Badekleider mit Rock und Strümpfen trugen. In der Weimarer Republik wurde es dann freizügiger. Die Herren zeigten sich mit sogenannten Dreiecksbadehosen. Für manche skandalös: Reichspräsident Friedrich Ebert präsentierte sich 1919 der Presse oben ohne und mit knappem Höschen. Auch bei den Damen verschwand immer mehr Stoff. Zu viel für das sittenstrenge Preußen. 1932 verbot der Zwickelerlass das Tragen anstößiger Bademode. Aber interessierte das wirklich jemanden am Wannsee?

Wannseebadweg 25
14129 Berlin

Sommer 1930

Pleitissimo oder: Die Drei von der Tankstelle sind pleite • das Landhaus Bejach

„Ein Freund, ein guter Freund, das ist das Beste, was es gibt auf der Welt", schmettern die drei jungen Helden. Mit ihrem Mercedes-Benz Typ S Cabriolet, einem wahren Schmuckstück, brausen sie fröhlich die Landstraßen entlang. Endstation: ein Landhaus, ihr Zuhause. Aber dann das böse Erwachen: Keiner empfängt sie, die Möbel sind gepfändet, der Gerichtsvollzieher steht vor der Tür. Die drei „meschuggenen Musketiere" sind pleite. „Pleitissimo", bekräftigt ihr Rechtsanwalt. Das ist der Beginn des Filmklassikers ‚Die Drei von der Tankstelle' (1930) – in den Hauptrollen: Heinz Rühmann, Oskar Karlweis und Willy Fritsch – und zwar genau vor dem eleganten Landhaus Bejach in Berlin-Steinstücken, weit außerhalb des Stadtzentrums. Der Bau ist durch eine Backsteinmauer und eine dahinterstehende Hecke von der Straße abgeschirmt. Unter einer endlos erscheinenden Pergola geht es zum Eingang des Flachdachgebäudes. Ein charakteristisches Stilelement findet sich an Mauer, Pergola und Haus: ein Querstreifenmuster mit einem Wechsel aus Ziegel und Putzschichten. Linear, fließend, dynamisch – es ist keine Prachtvilla im Stil des Historismus, aber ein elegantes und expressives Landhaus im Stil der Neuen Sachlichkeit.

Der Architekt ist in den 1920er Jahren gefragt wie kaum ein anderer: Erich Mendelsohn. Neben ikonografischen Gebäuden wie dem Einsteinturm baut er auch zahlreiche private Wohnhäuser. Auftraggeber des vergleichsweise bescheidenen Landhauses ist der jüdische Arzt Dr. Curt Bejach, einer der prägenden Sozialmediziner der Zeit. Im Arbeiterbezirk Kreuzberg bündelt Bejach mit dem „Gesundheitshaus am Urban" die Gesundheitseinrichtungen des Bezirks. Hier in Steinstücken findet er einen idealen Rückzugsort. 1928 zieht er mit seiner Familie ein. „Eine Spielwiese vor und ein stiller Garten hinter dem Haus", erläutert Mendelsohn seine Anlage. Nur wenige Jahre kann Bejach Luft und Licht des großzügigen Ensembles genießen. 1933 verliert er seine Arbeit, drei Jahre später das Landhaus – und im Oktober 1944 sein Leben in Auschwitz. Das Landhaus fällt nach dem Krieg in einen Dornröschenschlaf. In der Westberliner Exklave Steinstücken gelegen, ist es nur schwer zu erreichen. Aber trotzdem hat es sich erfreulicherweise gut erhalten. An Bejach erinnert ein Stolperstein vor dem Eingang.

Bernhard-Beyer-Straße 12
14109 Berlin

① Kirche am Hohenzollernplatz
② Ahmadiyya-Moschee
③ Kreuzkirche am Hohenzollerndamm
④ Ceciliengärten
⑤ Versuchssiedlung Schorlemerallee
⑥ Parfümerie Scherk
⑦ Waldsiedlung Zehlendorf
⑧ Haus Lewin
⑨ S-Bahnhof Wannsee
⑩ Strandbad Wannsee
⑪ Landhaus Bejach

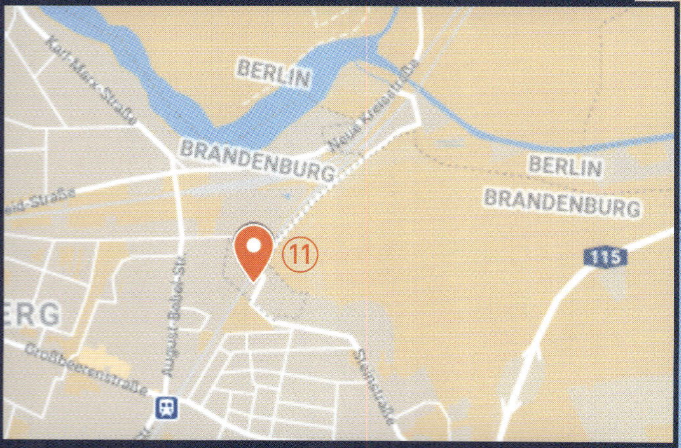

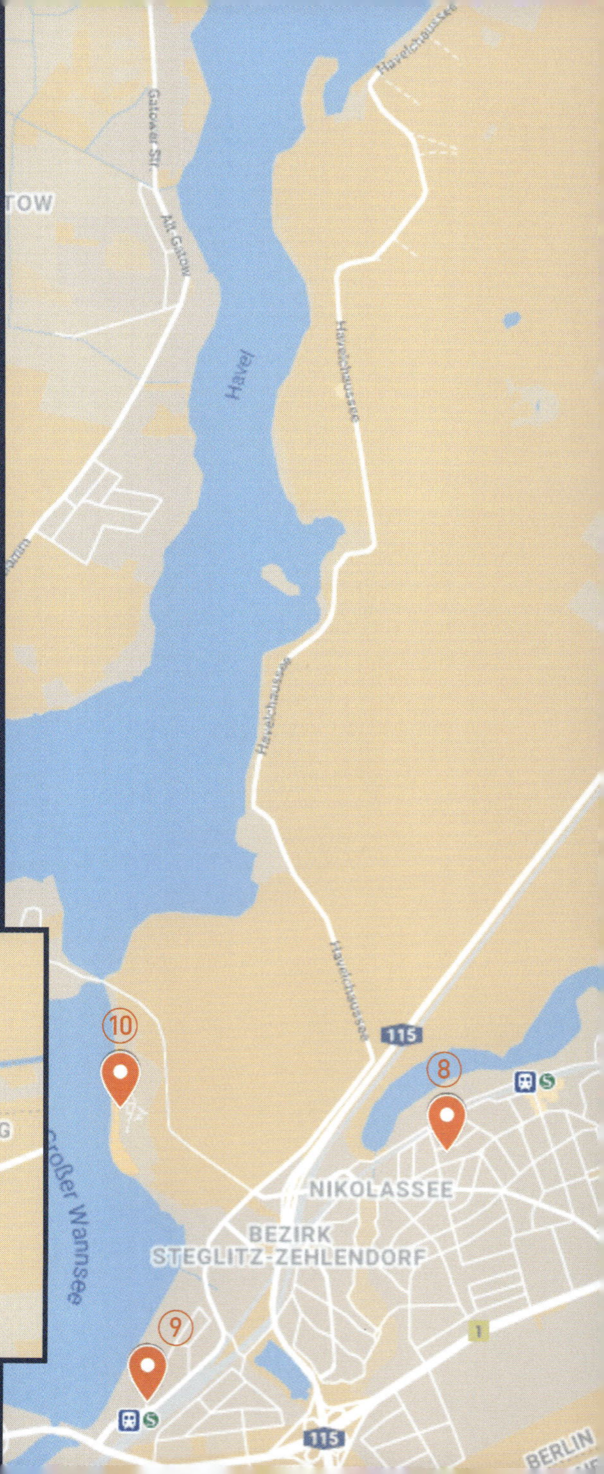

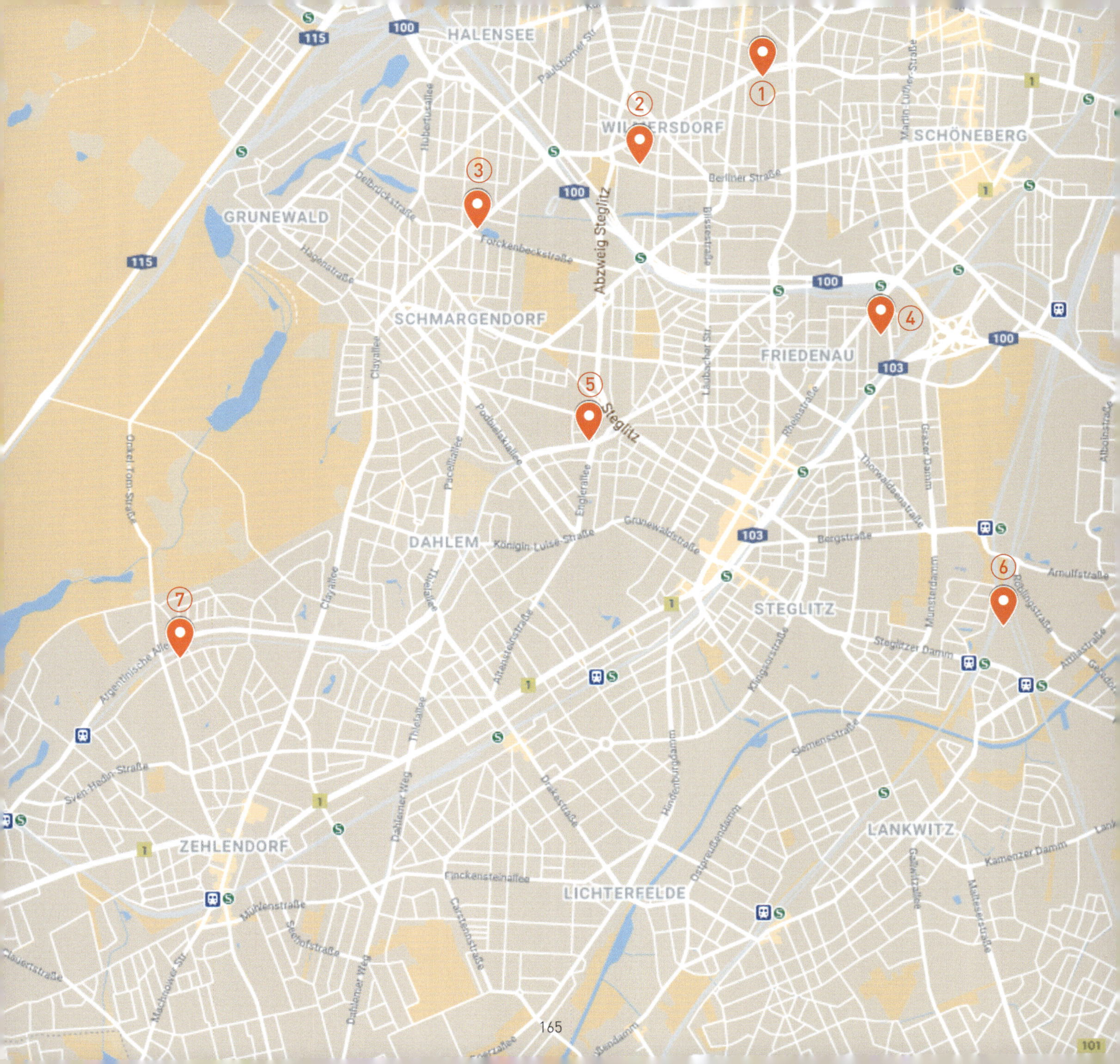
HALENSEE
WILMERSDORF
SCHÖNEBERG
GRUNEWALD
SCHMARGENDORF
FRIEDENAU
Steglitz
DAHLEM
STEGLITZ
ZEHLENDORF
LICHTERFELDE
LANKWITZ
1
2
3
4
5
6
7
100
115
103
101
Paulsborner Str.
Hubertusallee
Delbrückstraße
Forckenbeckstraße
Hagenstraße
Abzweig Steglitz
Berliner Straße
Bissestraße
Martin-Luther-Straße
Laubacher Str.
Clayallee
Podbielskiallee
Pacelliallee
Englerallee
Rheinstraße
Thorwaldsenstraße
Grazer Damm
Onkel-Tom-Straße
Königin-Luise-Straße
Grunewaldstraße
Bergstraße
Arnulfstraße
Thielallee
Altensteinstraße
Argentinische Allee
Steglitzer Damm
Munsterdamm
Kniephofstraße
Siemensstraße
Sven-Hedin-Straße
Dahlemer Weg
Drakestraße
Hindenburgdamm
Ostpreußendamm
Finckensteinallee
Carstennstraße
Mühlenstraße
Seehofstraße
Machnower Str.
Gallwitzallee
Kamenzer Damm
Malteserstraße
Attilastraße
Albrechtstraße

NORDEN

Mietskaserne umgedreht • die Wohnstadt Carl Legien

Sie sind schlimm, diese Berliner Mietskasernen, „jenes entsetzliche Gewirr von engen Höfen und Hinter- und Seitenhäusern, jene furchtbaren Schluchten, jene grauenhaften Rattenlöcher". Ziel ist es, in der Großstadt „die bescheidenste und beste Lösung der kleinen Wohnung zu finden, in der sich jeder leidlich einrichten kann." Diesen Worten lässt Bruno Taut tausendfach Taten folgen, insgesamt mehr als 10.000 Wohnungen baut einer der führenden Vertreter der Neuen Bauens in Berlin.
Auch im Prenzlauer Berg. Hier gilt es sogar, die Mietskasernen auf ihrem eigenen Terrain zu schlagen. Denn anders als bei den anderen, am Stadtrand gelegenen Wohnsiedlungen kann man hier nicht frei und offen bauen. Die Straßen sind bereits angelegt, die verhassten Mietskasernen in Blicknähe. Der Name „Wohnstadt" ist für diese Siedlung, die er im Auftrag der GEHAG errichten soll, daher auch bewusst gewählt.

Sechs U-förmige Wohnhöfe baut Taut. Zwei langgestreckte Zeilenhäuser sind am Ende durch ein Quergebäude verbunden. Dazwischen befindet sich ein großer Hof. Auf den richtet sich alles, er ist der Gradmesser für die Lebensqualität. Die Fassadenseiten zu den Straßen sind daher auch schlicht und nüchtern. Hier platziert Taut Toilette und Küche. Das Wohnen findet zum Hof hin statt. Und damit hat Taut das hierarchische Konzept der Mietskasernen mit ihren Stuck-Schaufassaden zur Straße einfach umgedreht. Die Höfe haben auch nichts zu tun mit den engen Höfen der Mietskasernen. Sie sind groß und sie sind grün. Dazu verfügt jede Wohnung über einen Balkon zum Hof – oder vielmehr eine Sonnenloggia. Der Blick reicht sogar bis zum Pendant, zum auf der anderen Straßenseite liegenden Wohnhof. Viel Licht, viel Luft, viel Sonne. Und viel Gemeinschaft: Der Hof ist als identitätsstiftender Sozialraum gedacht.

Der Umgang mit Farben kennzeichnet alle Siedlungen, die Taut realisiert hat. Auch hier sind sie ein bestimmender Bestandteil seiner Architektur. Fenster, Haustüren und Treppenhäuser sind fein mit Farbe gekennzeichnet. Die gegenüberliegenden, aber durch die Straße getrennten Wohnhöfe eint jeweils die Farbe der Rückwände und Wandflächen. Im Angebot sind Bordeauxrot, ein strahlendes Blau und ein dunkles Grün. Die Straßenfassaden dagegen sind in einem hellen Gelb gehalten. Die gelbe Wohnstadt – im Gegensatz zur Weißen Stadt in Reinickendorf. Benannt ist die Siedlung nach dem 1920 verstobenen Gewerkschaftsführer Carl Legien.

Der Prenzlauer Berg ist dicht

Der Prenzlauer Berg gilt in der Weimarer Republik als eines der am dichtesten besiedelten Gebiete der Welt. Vor allem in den Mietskasernen aus der Kaiserzeit wohnen die 325.000 Bewohner des Bezirks. 110 Menschen pro Haus, das ist rekordverdächtig. Der Prenzlauer Berg nimmt sogar jene auf, die keine feste Bleibe haben: In dem Obdachlosenheim „Die Palme" in der Fröbelstraße schlafen bis zu 4.000 Menschen pro Nacht. Neben der Wohnstadt Carl Legien entstehen mehrere andere Siedlungen, die zwar nicht zum UNESCO-Weltkulturerbe gehören, aber trotzdem die Wohnungsnot etwas lindern.

Erich-Weinert-Straße
10409 Berlin

Kreuz in Berlin • die katholische Kirche St. Augustinus

Es passiert gewiss nicht häufig, dass sich ein Erzbischof weigert, eine Kirche einzuweihen – weil sie ihm zu modern ist. Die Weihliturgie für die St.-Augustinus-Kirche wurde am 16. September 1928 durch einen Vertreter des eigentlich zuständigen Erzbischofs Adolf Bertram vollzogen. Nicht neoromanisch, nicht neogotisch, sondern spätexpressionistisch hat der Architekt Josef Bachem diese katholische Kirche in eine Berliner Straßenfront zwischen die Wohnhäuser gequetscht. Wuchtig ragt der Turm in die Höhe, gekrönt von einem sehr groß geratenen, vergoldeten Kreuz. „Denn dieses Kreuz soll Stunde um Stunde uns vorüberhastenden Großstädtern die Wahrheit ins Gesicht schleudern. Nur in diesem Zeichen kannst Du auch hier in Berlin Deine Lebensaufgaben lösen", heißt es in der Festschrift anlässlich der Einweihung. Vorbei an den beiden Schutzheiligen, St. Monica und St. Augustinus, durch die spitzbogigen Portale, treten wir in das Gebäude, wo uns ein besonderer Farbzauber empfängt: hellblau das Kircheninnere, golden die beiden angeleuchteten Seitenaltäre und rot die Säulen. Die neue Kirche entspreche „der Forderung des nach Einheit und Einfachheit im Bau strebenden modernen Menschen". Eine Einfachheit von überwältigender Schönheit!

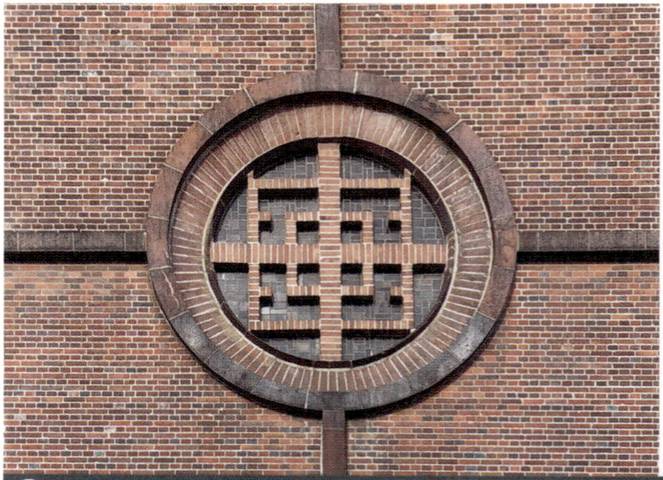

Dänenstraße 17/18
10439 Berlin

Blau-Rot-Weiß(ensee) • Wohnanlage in Weißensee

Wo in Berlin hat Bruno Taut keine Spuren hinterlassen? Neben den großen Siedlungen wie der Hufeisensiedlung und der Wohnstadt Carl Legien sind es manchmal „nur" vereinzelte Wohnblöcke wie die im sogenannten Moselviertel in der Trierer Straße. Die Wohnblöcke fallen sofort ins Auge. Sie sind bunt. Sehr bunt. Straßenseitig wird jede Etage durch eine Farbe markiert: blau, rostrot und cremeweiß. Im Hof umrahmen weiße und blaue Bänder die Balkone. Papageiensiedlung, das wäre der richtige Name – würde ihn nicht schon ein anderes Wohnquartier von Bruno Taut in Berlin-Zehlendorf tragen. In Weißensee ist man aber auch zufrieden mit der Bezeichnung „Papageienhaus". Pate des Farbkonzepts soll übrigens der expressionistische Maler Karl Schmidt-Rottluff gewesen sein. Schaut man sich dessen Bilder an, glaubt man das sofort. Aus Sicht der Nationalsozialisten hatte es der Architekt jedoch zu „bunt getrieben". Und so wurden die Farben 1938 mit militärrockgrauem Putz überdeckt. Erst seit Mitte der 1990er Jahre erstrahlt die Gebäudezeile wieder in ihrem alten Design und bringt Farbe satt in die Berliner Wohnlandschaft.

Trierer Straße
13088 Berlin

Klein-Amsterdam am Kreuzpfuhl • das Holländer-Quartier in Weißensee

Würde ein Kanal vor der roten Häuserfront mit seinen weißen Fensterrahmungen, dem Dekor mit barockisierenden Formen und den Treppengiebeln mit zinnenähnlichen Abschlüssen vorbeifließen, könnte man denken, man sei in Amsterdam. Ohne den Kanal könnte es immerhin das Holländische Viertel in Potsdam sein. Doch auch Weißensee hat sein Holländer-Quartier. Hinter dem idyllischen Kreuzpfuhl und dem imposanten Primo-Levi-Gymnasium befindet sich der Block, der an niederländische Bautraditionen des 18. Jahrhunderts erinnert. Holländerhof wird er auch genannt. Wobei die Bezeichnung „Hof" ein großes Understatement ist: Mit 9.000 Quadratmetern ist der Grünbereich für die Bewohner eher ein richtiger Park.

Ende der 1920er Jahre beauftragte die Pankower Heimstätten GmbH den Architekten Josef Tiedemann mit dem Entwurf einer Wohnanlage mit viel Grün. Tiedemann, der als Vertreter einer traditionsverbundenen Architekturauffassung auch nach 1933 weiterarbeiten durfte, baute im Gegensatz zu seinem Kollege Bruno Taut traditioneller und konservativer. Aber im Innenbereich bieten die Wohnungen genau das, was auch das Neue Bauen forderte: eigene Küche, eigenes Bad und eine Loggia. Und draußen eben einen eigenen Park.

Schönstraße
13086 Berlin

Die letzte Bastion des Stummfilms •
das ehemalige Stummfilmkino „Delphi“

„Tonfilm ist Kitsch! Fordert gute stumme Filme! Wer Kunst und Künstler liebt, lehnt den Tonfilm ab!" Dieser Appell der Berufsverbände der Artisten und Musiker scheint in Weißensee erhört worden zu sein. Denn am 26. November 1929 eröffnete hier das Stummfilmkino „Delphi". Aber es war das letzte seiner Art in Berlin. Der Tonfilm befand sich schon auf der Überholspur. Zur selben Zeit, als das „Delphi" eröffnet wurde, sang Marlene Dietrich in ‚Der blaue Engel' auf einer Tonne im Studio Babelsberg von der Liebe. Aber wohin, wenn nicht nach Weißensee, passten Stummfilme? In das „Klein Hollywood" von Berlin – von 1913 bis 1928 entstand in den benachbarten Ateliers Film auf Film, fast im Akkord wurde produziert. „Made in Weißensee" war auch das große Meisterwerk des deutschen Stummfilmkinos, ‚Das Cabinet des Dr. Caligari'. Zur Eröffnung des Kinos hatte sich Lichtspieldirektor Erwin Palkowsky allerdings einen anderen Film ausgesucht: ‚Hochverrat' mit dem UFA-Star Gustav Fröhlich, eine im zaristischen Russland spielende Kolportageschichte.

Erbaut nach den Plänen der Architekten Julius Krost und Heinrich Zindel, konnte das „Delphi" fast 1.000 Personen aufnehmen – dicht gedrängt unten in der „Holzklasse", etwas geräumiger oben auf den Logenplätzen oder dem Rang. Natürlich gab es einen Orchestergraben. Aber bei 13 Musikern war Schluss. Mehr brauchte man aber auch nicht beim Stummfilm. Allerdings kämpfte sich das „Delphi" schließlich doch als Tonfilmkino durch das folgende Jahrzehnt. Nach 1945 ging es zunächst weiter. Dann aber kam es Ende der 1950er Jahre zu einem Unfall. Wegen eines Bombenschadens war lange Zeit unbemerkt Wasser ins Dach eingedrungen. Einige Stuckteile lösten sich nun von der feuchten Decke. Das Kino musste dichtmachen und hatte nun eher traurige Jahrzehnte als Gemüselager, Wäschereistützpunkt, Briefmarkengeschäft oder Schauraum für Orgelbau vor sich. Jedoch nahte die Rettung in Person der beiden Künstler Nikolaus Schneider und Brina Stinehelfer und der Schweizer Edith-Maryon-Stiftung. Die einen hatten die Idee, die andere hatte das Geld.

Auferstanden, fast aus Ruinen, gründete sich das ehemalige Kino neu als Kulturstätte mit einem abwechslungsreichen Programm. Sogar Stummfilme werden gezeigt, begleitet vom Metropolis Orchester Berlin, dem ersten Stummfilmorchester des 21. Jahrhunderts. Manche Gäste kommen aber nicht nur wegen der Veranstaltungen. Sie wollen ein Raumerlebnis genießen, das in Berlin seinesgleichen sucht.

Der Besuch des „Delphi" beginnt allerdings mit einer Ernüchterung: Von außen spart das ehemalige Kino mit Reizen. Der abweisende, fast fensterlose Bau, dessen verputzte Fassade leicht vor sich hin bröckelt, zieht kaum jemanden von der Straße hinein. Ein leicht angerostetes „Delphi"-Schild hängt über dem Eingang. Zwei schmale, horizontale Fensterbänder mit einer Dreieck-Ornamentik ganz oben erinnern zart an die expressionistische Fassadenvergangenheit.

Aber innen wird es spektakulär: Der riesige Bau wirkt wie eine unvollendete Kathedrale – oben an der Decke fehlen nur noch die Malereien und vorne der Altar. Gleichsam magisch wird man von dem Herzstück des Hauses angezogen. Unter einem Tonnengewölbe umfassen drei muschelförmige Stuckbogen die Bühne wie eine Grotte. Bei Veranstaltungen strahlen die Bogen in hellem Licht. Diese atmosphärische Beleuchtung verdankt das ehemalige Kino den Machern der Serie ‚Babylon Berlin'. Sie nutzten den Saal als Drehort für das verruchte Etablissement „Moka Efti". So wurden die markanten Bogen einem Millionenpublikum bekannt und sind heute das Markenzeichen des ehemaligen Kinos. Das „Moka Efti" ist allerdings nur in den ersten beiden Staffeln von ‚Babylon Berlin' in Betrieb. In Staffel drei entdeckt der Armenier, König der Berliner Unterwelt, einen Wasserschaden. Sabotage, wie sich in der Serie herausstellt. Wünschen wir dem heutigen Team des „Delphi" weitere wasserschadenfreie und kreative Jahre.

Die Reste von „Klein-Hollywood"

1913 begann die große Zeit des Films in Weißensee: Die Studios und Ateliers in der Innenstadt waren zu klein geworden. Die Gebäudehülle des damals größten Filmateliers in der Liebermannstraße, genutzt von der Firma May-Film, steht noch. Nicht erhalten hat sich das Lixie-Film-Atelier, wo das ‚Das Cabinet des Dr. Caligari' gedreht wurde. Immerhin erinnert eine Gedenktafel daran. Die Tradition des Films lebt heute weiter in dem Programmkino der „Brotfabrik", einer ehemaligen Großbäckerei. Seit 2002 heißt der Platz passenderweise Caligari-Platz. Die Eiche auf dem Platz stammt noch aus der Boomzeit von „Klein-Hollywood".

Gustav-Adolf-Straße 2
13086 Berlin

Pankow zeigt es der Welt • das Gesundheitshaus

Ein Sonderzug nach Pankow muss nicht organisiert werden. Aber einen großen Auflauf gibt es trotzdem zur Einweihung des Gesundheitshauses Pankow. Es ist der 14. Dezember 1928. Zunächst versammeln sich die geladene Presse und die Feiergemeinde im Vortragssaal, dann erfolgt die obligatorische Hausführung und schließlich, ganz wichtig, geht es in den Bürgerpark zum Festschmaus. Zum Feiern gibt es allen Grund, denn Pankow ist „Der Welt um einen Schritt voraus", wie der ‚Anzeiger für den Berliner Norden' stolz berichtet. So selten habe Pankow bisher Gelegenheit gehabt, sein Licht leuchten zu lassen. Nun aber will man der Welt etwas schenken: ein Gesundheitshaus, wie es die Welt bisher noch nicht gesehen hat. Angeblich sind auch amerikanische Gäste bei der Einweihung anwesend.

Notwendig war die Zusammenführung der Gesundheitseinrichtungen des Bezirks tatsächlich, lagen sie doch weit verstreut und waren zudem schlecht ausgestattet. Die Säuglingsfürsorge zum Beispiel hatte keinen Warteraum, sodass die Mütter und ihre Kinder im Freien ausharren mussten. Nun ist alles unter einem Dach. Der Bau geht auf die Initiative des Pankower Bürgermeisters Hans Meißner zurück, der zugleich für das Gesundheitsamt des Bezirkes verantwortlich ist. Der Entwurf stammt von dem Architekten Eilert Franzen, der unter anderem auch am Bau des Schulkomplexes mit dem heutigen Ossietzky-Gymnasium und der Arnold-Zweig-Grundschule beteiligt war, nicht weit entfernt vom Pankower Gesundheitshaus.

Mehr als 80 Meter zieht sich das expressionistische Gebäude die Grunowstraße entlang. Neben dem für den Expressionismus so typischen Zackenmuster zieren sechs Statuen die Fassade. Motive wie eine Frau mit Säugling verweisen auf den Zweck des Gebäudes. Im Innern dann ein wahres Fest an Farben und Ornamentik. Türkis, Gelb, Rotbraun sind die kontrastreichen Farben der Kacheln. Mehrere Schmuckbrunnen, kunstvoll gestaltete Türen und Oberlichter, ein Speibecken und heute leider nur noch eine der ehemals sieben originalen Uhren begegnen einem auf dem Weg durch die Gänge. Gesundheitsamt ist das Haus heute noch. Ob sich die Amerikaner hier etwas abgeschaut haben, ist nicht überliefert.

Grunowstraße 8–11
13187 Berlin

Ein echter Mies • das Haus Lemke

TIPP: Das Haus Lemke befindet sich unter dem Namen „Mies van der Rohe Haus" in kommunaler Trägerschaft des Bezirks. Vier bis sechs Kunst- und Architekturausstellungen finden pro Jahr statt. Gleich zwei Gebäude von Mies van der Rohe locken in Berlin also mit moderner Kunst. Allerdings ist die Neue Nationalgalerie, anders als das Haus Lemke, auch als Museum gebaut worden – und fast 40 Jahre jünger.

Oberseestraße 60
13053 Berlin

Klein, aber fein. Oder auch: günstig und genial. Das Haus Lemke in Alt-Hohenschönhausen ist ein eher bescheidenes Wohnhaus im Repertoire des Bauhaus-Architekten Ludwig Mies van der Rohe. Und für die Auftraggeber war es mit 16.000 Reichsmark ein Schnäppchen. Sie bekamen dafür nämlich den letzten „Mies", bevor dieser nach Amerika emigrierte. Und dann noch einen zeitlos schönen Bau, typisch Bauhaus. Die berühmte Schule musste genau zum Baubeginn des Hauses Lemke von Dessau nach Berlin ziehen, die politischen Anfeindungen mündeten dort in ihre Schließung. In Berlin fand Mies van der Rohe als Leiter der Schule einen neuen Standort. In seinen Architekturkursen entwickelte Mies übrigens zeitgleich den Typus des Hofhauses. Hier, in Weißensee, setzte er es um, und zwar in einem äußerst hohen Tempo: Die Besitzer, das Ehepaar Lemke, wollten im selben Jahr noch Steuern sparen.

Es sind nur drei Räume geworden, mit 160 Quadratmetern aber recht großzügig. Der eingeschossige Bau mit Flachdach ist L-förmig angelegt. Sowohl vom Arbeitszimmer wie auch vom Wohn- und Speisezimmer kann man direkt auf die Terrasse treten. Die bodentiefen Panoramafenster sorgen für einen ansatzlosen Übergang in die Natur: Von der Terrasse geht es über den großen Garten direkt ans Ufer des Obersees. Im Frühjahr 1933 zogen die Lemkes ein. Gleichzeitig musste Mies van der Rohe wieder um das Bauhaus kämpfen. Aber die Schließung durch die Nationalsozialisten konnte er schließlich nicht verhindern. Er selbst emigrierte 1938 in die USA. Dramatisch auch die weitere Geschichte des Hauses: Das Ehepaar Lemke musste das Haus 1945 verlassen, die Rote Armee erklärte das umliegende Gebiet zum Sperrbezirk; später zog die Stasi ein. Garage, Abstelllager, Wäscherei, Kantine – die Nachkriegskarriere des Gebäudes ist traurig. Nach der Wiedervereinigung wurde es endlich saniert, und die kleine Bauhaus-Ikone entwickelte sich zum Pilgerort für Architekturfans.

Bier zum Frühstück •
die Brauerei Groterjan

„Hat's Caramel-Bier wohlgetan, dann war's bestimmt von Groterjan", hieß es in der Werbung der Weimarer Republik. Damals war das als gesund geltende Malzbier, auch Caramel-Bier genannt, ein echter Verkaufsschlager. Und die Brauerei Groterjan war einer der größten Malzbierproduzenten im Land. Im Berliner Prenzlauer Berg begann die Erfolgsgeschichte. Dort befindet sich noch heute ein kleines Kitsch-Schlösschen mit Erkern, Türmchen und viel Dekor. Im Wedding ging es weiter. Dort entstanden Werkanlagen mit Gärkeller, Sudhaus und Kesselhaus. 1929 kamen dann noch ein großes Flaschenbierabfüllgebäude und ein Verwaltungsgebäude dazu. Bruno Buch hieß der heute beinahe vergessene Architekt. Die Fassade zur Prinzenallee ist, mit gelb-braunen Klinkern versehen, modern und sachlich gestaltet – aber belebt durch einige expressive Motive. Links vom breiten Eingangstor ist ein altes Firmensignet angebracht: „Groterjan. Malzbierbrauerei Groterjan & Co. Aktiengesellschaft". In der Nachkriegszeit konnte auch Schultheiss die alte Berliner Marke nicht retten. Heute ist es Zeit, dass die vielen Craft-Beer-Brauer sich dem Malzbier zuwenden!

Prinzenallee 75–79
13357 Berlin

Ein Schnäppchen - das Rathaus Wedding

Zugegeben, es gibt prächtigere Rathäuser in Berlin als das Rathaus Wedding in der Müllerstraße. Zum Beispiel solche mit reich verzierten Fassaden, repräsentativen Treppenhäusern und vor allem mit Türmen wie in Schöneberg, Spandau und Charlottenburg. Über den „Ku'damm des Nordens", wie die Hauptschlagader des Weddings damals genannt wird, ragt kein Turm. Aber der Turmlosigkeit verdankt der Bezirk damals eine Ersparnis von 200.000 Reichsmark, die für einen Ausbesserungsfonds genutzt werden. Außerdem muss man dem Rathaus zugutehalten, dass es anders als die erwähnten Prachtbauten der einst selbstständigen Städte nur ein Bezirksrathaus ist. Mit der Entstehung von Groß-Berlin 1920 und der Einteilung in Bezirke kommt der Stadtteil Wedding auf die verwaltungspolitische Agenda und benötigt dringend ein eigenes Rathaus.
1930, kurz vor Ende seiner Amtszeit, kann Bürgermeister Carl Leid einziehen. Fast die ganze Zeitspanne der Weimarer Republik hat der Sozialdemokrat das Sagen im Wedding. Leid hat „seinen" Weddingern mit dem Volkspark Rehberge oder dem Wassersportplatz Plötzensee das nicht immer einfache Leben zwischen Inflation, Blutmai und Weltwirtschaftskrise etwas erträglicher gestaltet.
Erträglicher und vor allem einfacher wurde das Verwalten und Gestalten durch den Einzug in den fünfstöckigen Backsteinbau, errichtet im Stil der Neuen Sachlichkeit, entworfen vom Architekten Friedrich Hellwig. Der fast komplette Verzicht auf dekorative Elemente ist einmalig unter den Berliner Rathäusern. Ein steinernes Wappen an der Gebäudeecke, natürlich mit Berliner Bär, und der Schriftzug „Rathaus Wedding" am Eingang, mehr nicht.
Aber dann überrascht das Innere des Gebäudes mit viel Farbe: Keramikfliesen in Gelb, Grün und Blau. Die Eingangshalle verfügt über eine beeindruckende Kassettendecke und ein Bodenmosaik mit dem Berliner Bären. Ein Hingucker ist die Kandelaberkonstruktion an den seitlichen Treppenaufgängen: leuchtende, gestaffelte Türmchen und eine aufgesetzte Kugellampe. Wie schön wäre es, wenn auch der Paternoster noch existierte – der ist leider während der Nachkriegszeit verschwunden.

Müllerstraße 146
13353 Berlin

Eine Stadt für die Straßenbahn • der Betriebshof Müllerstraße

Das bekannteste Werk dieses Architekten ist eine Ampel. Nicht irgendeine Ampel, sondern der Ampelturm am Potsdamer Platz. Aufgestellt wird er 1924 als erster seiner Art in Deutschland. Jean Krämer ist der Ampelbauer und gleichzeitig einer der produktivsten Architekten der Weimarer Republik, heute jedoch einer der unbekanntesten, fast ein Vergessener. Unzählige Wohnhäuser, Fabriken und Sportanlagen gehen auf ihn zurück. Den Ampelturm baut er im Auftrag der Berliner Straßenbahn-Betriebs-Gesellschaft. Diese ist auch sein Hauptarbeitgeber: Krämer wird von Mitte der 1920er Jahre an der „Hausarchitekt" für die Straßenbahn.

Nach dem Zusammenschluss verschiedener Straßenbahnunternehmen und kurz vor der offiziellen Gründung der BVG steht 1927 das bisher größte Projekt für Krämer an. In der Müllerstraße, im Wedding, entsteht nicht nur ein neuer Betriebshof, es werden auch 300 Wohnungen für die Arbeiter gebaut. Straßenbahnstadt, so wird der Komplex genannt. Oder „Hof Mül" in der Sprache der Straßenbahner. Das Wahrzeichen dieser „Stadt" sind ihre Türme – 32 Meter hoch und expressionistisch gestaltet. Auffällig vor allem die prismatische Wandfaltung. Die schönste, die höchste Etage ist reserviert für ... Wasser! Hier befinden sich Wassertanks für die Waschanlagen der Straßenbahn.

79c

79
B

Die Parallelbogen am Fuß der Türme erinnern an gotische Portale. Sie führen zum Kassenraum, wo die Schaffner ihre Abrechnung machen. Daneben gibt es auf dem Gelände natürlich diverse Werkstätten und sogar ein Straßenbahnmuseum.
Um den Betriebshof herum errichtet Krämer einen Blockrand mit Wohnhäusern. Viele kleine Details wie ornamentale Keramik schmücken die Fassade. Wohnungen mit Balkonen und ohne dunkle Hinterhöfe, das soll in Zeiten von Wohnungsnot und Klassenkämpfen eine besondere Bindung an den Arbeitgeber erreichen. Unter dem Nationalsozialismus kommt Jean Krämer als Architekt kaum noch zum Zuge, seine Werke entsprechen nicht mehr dem Zeitgeist. Heute fahren hier keine Straßenbahnen mehr ein, sondern Busse. Aber immer noch ist die BVG Hausherrin.

Eine unheilvolle Koalition

Streik! Am 3. November 1932 verlässt kaum eine Straßenbahn den Betriebshof in der Müllerstraße. Zwar hat die Gewerkschaft die angedrohte Lohnkürzung von 23 auf 2 Pfennige runterhandeln können. Aber das reicht den radikalen Kräften innerhalb der Arbeiterschaft nicht. Auf der Rednertribüne der Streikenden stehen nebeneinander Walter Ulbricht, kommunistischer Reichstagsabgeordneter, und Joseph Goebbels, Gauleiter der NSDAP in Berlin – eine bis zu diesem Tag einmalige Konstellation. Blutige Bilanz des nun folgenden Streiks: vier Tote! Die KPD spricht von einem „schwarzen Freitag".

Müllerstraße 79
13349 Berlin

Die Weiße Stadt • die Großsiedlung Schillerpromenade

Das Geld ist aufgebraucht. Die Erträge aus der sogenannten Hauszinssteuer, mit der seit 1924 der Großteil des sozialen Wohnungsbaus finanziert wurde, reichen nicht mehr aus. Aber Stadtbaurat Martin Wagner ist clever und kann dem klammen Berliner Haushalt noch 15 Millionen Reichsmark für ein Sonderbauprogramm entlocken. Die Großsiedlung Schillerpromenade profitiert davon. Sie ist die letzte Siedlung der Moderne, die in der Weimarer Republik realisiert wird. Die Architekten Otto Rudolf Salvisberg, Wilhelm Büning und Bruno Ahrends bauen von 1929 bis 1931 fast 1.300 Wohnungen.

Bekannt wird die Siedlung als „Weiße Stadt". Die kubischen Baukörper mit dem einheitlich aufgetragenen weißen Putz sind sehr fotogen und werden schnell international gerühmt. Es wird auch Farbe eingesetzt, aber nicht so intensiv wie bei den Siedlungen von Bruno Taut. Eingerahmte Treppenhausfenster und überstehende, farbige Dächer verstärken das strahlende Weiß der Fassaden sogar noch. Die Architekten müssen die Kosten gering halten. So sind Fenstermaße und Türrahmen genormt, die Häuser haben dieselbe Tiefe. Bis auf eins, aber das fällt sowieso aus dem Rahmen: Es ist das Laubenganghaus, das als Brückenbau über die Aroser Allee führt. Architekt Otto Rudolf Salvisberg entscheidet als Mitglied des „Berliner Dreierrats" über große Bauvorhaben der Stadt. Auf beiden Seiten des Brückenhauses lässt er eine Uhr anbringen. Der Berliner hat ja bekanntermaßen keine Zeit. Ein Hingucker sind auch die beiden Turmbauten von Bruno Ahrends, die den südlichen Eingang zur Siedlung bilden.

Einer gehört auch noch zum Team der Architekten dazu. Er gilt als erster freischaffender Gartenarchitekt Deutschlands: Ludwig Lesser, der 1939 nach Schweden emigriert. Lesser gestaltet die Grünflächen zwischen den Häusern, mit Kinderspielplätzen und Blumensitzplätzen, „zum gemeinsamen Genusse aller dortigen Bewohner". Einzigartig ist auch die Vielzahl der Versorgungseinrichtungen für die Bewohner der Siedlung: 25 dezentral verteilte Läden, ein Kindergarten, eine Arztpraxis, ein Café und ein später abgerissenes Fernheizwerk mit angegliederter Zentralwäscherei gehören zur Siedlung. 2008 dann der Ritterschlag: Mit fünf anderen Siedlungen wird die „Weiße Stadt" zum UNESCO-Weltkulturerbe erklärt.

Schillerring
13407 Berlin

Wasser für den Volkspark • der Wasserturm Jungfernheide

Es war ein für Berlin – damals wie heute – typisches „Pre-Opening". Denn als am 27. Mai 1923 der Volkspark Jungfernheide eröffnet wurde, fehlten die Highlights: das Freilufttheater und der Wasserturm. Trotzdem feierten die Berliner anlässlich der Charlottenburger „Spiel- und Sportwochen" den ersten Volkspark der Weimarer Republik. Eine willkommene Abwechslung bot der Park besonders den Arbeitern, die dank dem Notstandsprogramm der Regierung der Arbeitslosigkeit vorerst zu entrinnen vermochten. 1927 war dann auch der Wasserturm, das Wahrzeichen des Parks, fertiggestellt. Architekt Walter Helmcke ließ ihn aus Eisenklinkern – dunkelroten Backsteinen aus eisenoxidhaltigem Ton – errichten. Die Fassade des Turmbaus ist durch vorspringende Mauersteine und Simse stark gegliedert. Von oben leuchtet weithin sichtbar ein Kupferdach.

Der Wasserturm – übrigens einer der wenigen zur Zeit der Weimarer Republik gebauten – versorgte den Park mit Wasser. Für das geplante Café am Fuße des Turms reichte das Geld nicht mehr. Heute, fast hundert Jahre später, ist dieses Problem gelöst: Der benachbarte Waldhochseilgarten betreibt einen Sommergarten mit bemerkenswert guter Gastronomie.

Volkspark Jungfernheide
13629 Berlin

Der erste Wolkenkratzer der Stadt • der Borsigturm

Jwd, janz weit draußen, wie der Berliner sagt, weit entfernt vom Stadtzentrum Berlins lag er, als er von 1922 bis 1924 gebaut wurde: der Borsigturm. Aus Mangel an innerstädtischem Baugrund wurde das Gelände in Tegel gewählt, hier ließ man das Bürogebäude der Borsigwerke in die Höhe wachsen. Auf Fotografien aus den 1920er Jahren ist deutlich zu erkennen, wie sich der Turm regelrecht zwischen die dicht an dicht gebauten Fabrikgebäude zwängt. Es war auch der Wunsch nach einem repräsentativen Firmenwahrzeichen, der den damals größten europäischen Lokomotivenhersteller dazu brachte, den Berliner Architekten Eugen Schmohl mit dem Bau eines Büroturms zu beauftragen.

Mit einer Höhe von 65 Metern und einer Grundfläche von 20 mal 16 Metern ist das Hochhaus zwar nicht mit seinen US-amerikanischen Vorbildern vom „Big Apple" vergleichbar. Seine imposante Wirkung als Turm sowie seine tatsächliche Nutzung als Bürogebäude machen das Bauwerk aber zu einem Novum der Berliner Moderne, das den Beinamen „erster Wolkenkratzer der Stadt" zu Recht trägt. Im Gegensatz zum 1917 entstandenen Turm des Wernerwerks in Siemensstadt, dessen äußere Hülle einzig der Verkleidung für Schornstein und Wasserbehälter diente, befand sich im Borsigturm der Verwaltungssitz des Unternehmens – so wie auch die „echten" Wolkenkratzer in den USA als Bürogebäude genutzt wurden.

Die Fassaden des Stahlskelettbaus sind aus Backstein gemauert, die Klinker tragen einen Teil des Gewichts des Bauwerks. Dreiergruppen prägen die Architektur dieses eindrucksvollen Sinnbilds der Industriearchitektur: Der Turm ist in drei Gesimse, die jeweils drei Stockwerke umfassen, gegliedert. Die Fenster sind ebenfalls in Dreiergruppen unterteilt. Mit dem gezackten, nach oben strebenden Dachaufbau, in dem sich ein Festsaal befindet, verwendete Schmohl erstmalig in Berlin Elemente des Backsteinexpressionismus. Die inneren Turmwände sind nicht tragend, was eine freie Unterteilung der einzelnen Büroflächen ermöglichte. Der „stolze, scharfkantige Belfried der Arbeit" wurde schnell zum Wahrzeichen der Borsigwerke in Berlin-Tegel und bietet noch heute aus dem Inneren einen wunderbaren Blick über den Norden Berlins.

Am Borsigturm 11
13507 Berlin

Auf dem Weg zur Erlösung • das Buddhistische Haus

Wer in Berlin den Weg Buddhas zur Erlösung nachvollziehen will, muss durch das Elefantentor. Nicht das vom Berliner Zoo, sondern ein kleines Pendant am Edelhofdamm in Frohnau. Durchschreitet man es, beginnt erst der eigentliche Weg, 73 Stufen einen Hügel hoch. Acht Treppenabsätze werden dabei passiert. Sie stehen für den achtfachten Weg Buddhas zur Erlösung. Ob man die oben findet?

Zunächst findet man das Buddhistische Haus. Es ist die wichtigste Kultstätte des Buddhismus in Westeuropa. Der Arzt und Schriftsteller Paul Dahlke, der nach seinen Asienreisen Buddhist wurde, hatte das große, kiefernbestandene Heidegebiet erworben. Ein Architekt aus Pankow, Max Meyer, durfte dann Asien nach Berlin zaubern: Hinter dem Wohnhaus entstand 1926 ein Tempelbau im japanischen Stil. Im ausgedehnten Garten stehen einige Buddha-Statuen und Schreine und die Reste der sogenannten Schlangenmauer. Der beschwerliche Aufstieg zur Hügelkuppe war übrigens ein Grund, weshalb die evangelische Gemeinde den Kauf des Geländes abgelehnt hatte. Hier gehört er zum spirituellen Erlebnis dazu – für alle, denn: Alle sind herzlich eingeladen, jeder ist willkommen.

Edelhofdamm 54
13465 Berlin

① Mies van der Rohe Haus

② Wohnanlage Trierer Straße

③ Holländer-Quartier

④ Wohnstadt Carl Legien

⑤ Stummfilmkino „Delphi“

⑥ St. Augustinus

⑦ Gesundheitshaus Pankow

⑧ Brauerei Groterjan

⑨ Rathaus Wedding

⑩ Betriebshof Müllerstraße

⑪ Großsiedlung Schillerpromenade

⑫ Wasserturm im Volkspark Jungfernheide

⑬ Borsigturm

⑭ Das Buddhistische Haus

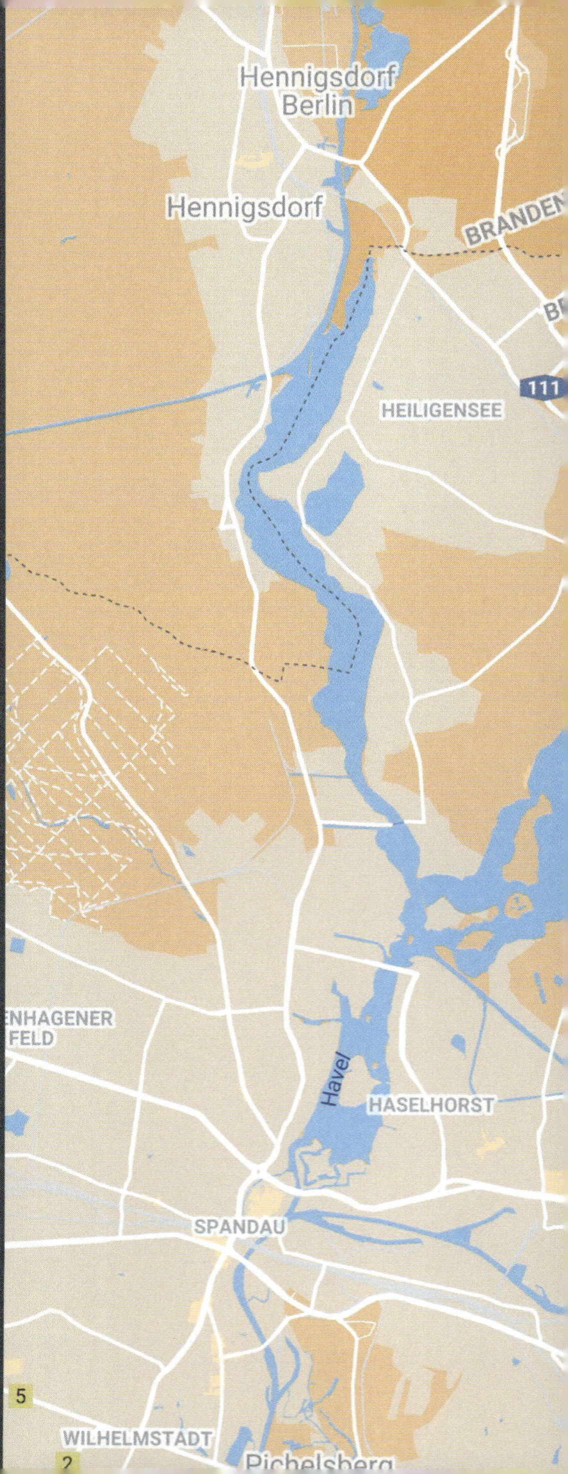

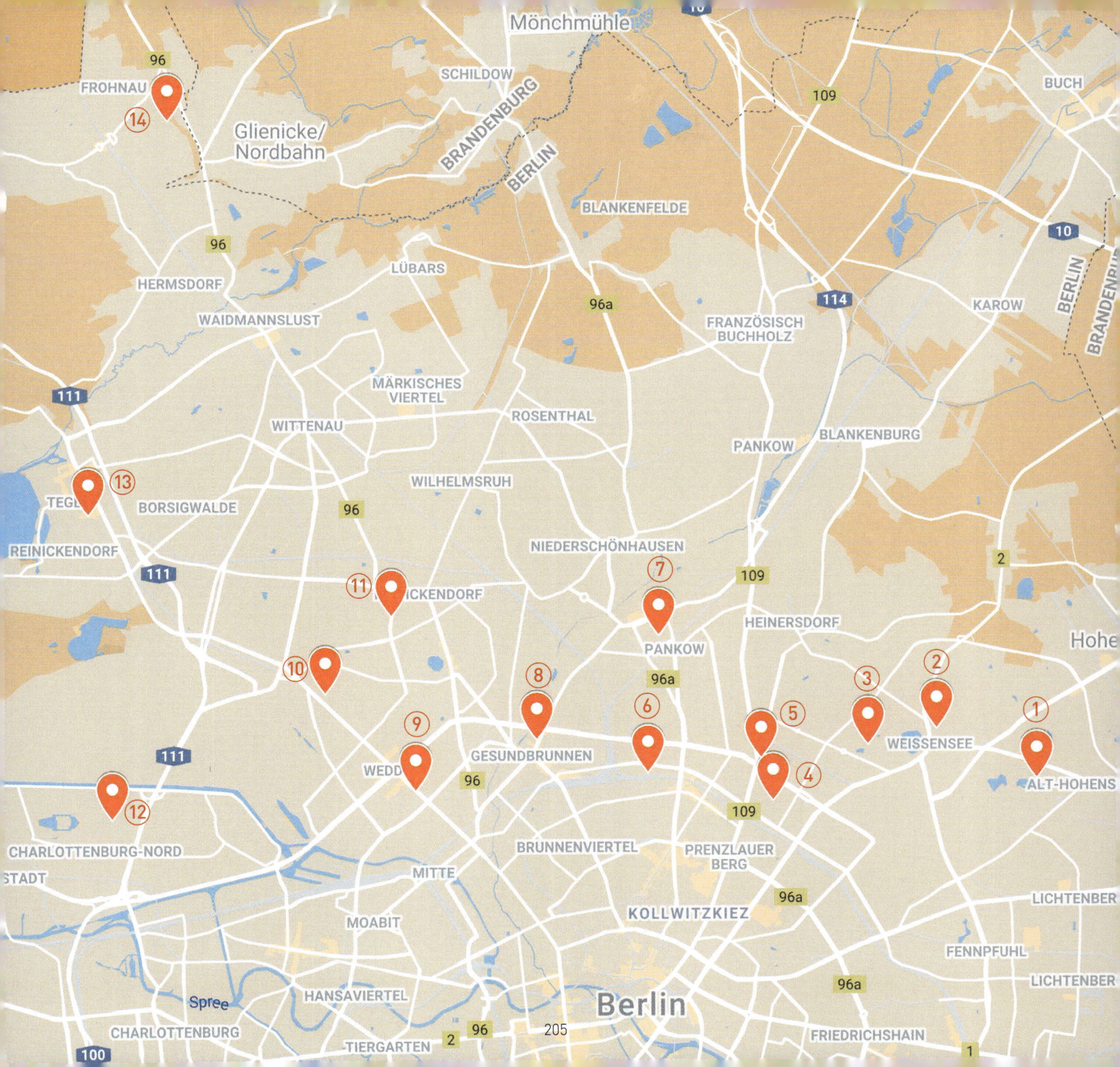
Mönchmühle
SCHILDOW
BRANDENBURG
BERLIN
Glienicke/
Nordbahn
FROHNAU
BUCH
BLANKENFELDE
LÜBARS
HERMSDORF
WAIDMANNSLUST
KAROW
FRANZÖSISCH
BUCHHOLZ
MÄRKISCHES
VIERTEL
ROSENTHAL
WITTENAU
PANKOW
BLANKENBURG
WILHELMSRUH
BORSIGWALDE
REINICKENDORF
NIEDERSCHÖNHAUSEN
HEINERSDORF
PANKOW
GESUNDBRUNNEN
WEISSENSEE
ALT-HOHENS
CHARLOTTENBURG-NORD
BRUNNENVIERTEL
PRENZLAUER
BERG
MITTE
MOABIT
KOLLWITZKIEZ
LICHTENBER
FENNPFUHL
Spree
HANSAVIERTEL
Berlin
CHARLOTTENBURG
TIERGARTEN
FRIEDRICHSHAIN
1
2
3
4
5
6
7
8
9
10
11
12
13
14

OSTEN

75 Millionen Eier für Berlin • das Eierkühlhaus

Der Berliner und sein täglich Ei. Ob Solei, Senfei oder im Eierkuchen: Eierspeisen sind ein fester Bestandteil der traditionellen Berliner Küche. Insofern ist es verständlich, dass es in Berlin einen Ort gab, wo bis zu 75 Millionen Eier gekühlt werden konnten: den Eierspeicher, so nannte der Volksmund das Kühlhaus an der Oberbaumbrücke. Er gehörte zum Osthafen, der seit seiner Einweihung 1913 der größte Warenumschlagplatz Berlins war.

1929 setzte der Architekt Oskar Pusch den großen, neungeschossigen Kasten an die Spree. Hellgelb ist die Farbe der Klinkerfassade, und die hebt sich damit gut von der repräsentativen Oberbaumbrücke ab. Das war auch schon Vorgabe für die benachbarten, älteren Speicher: Die Wirkung der roten Brücke sollte nicht geschmälert werden. Aber ein Hingucker ist das Kühlhaus allemal. Vor allem die expressionistische Gestaltung der Fassade mit einem grau-bunten Rautenmuster macht den Speicher zu einem Juwel unter den Industriebauten Berlins. 2002 begann ein neues Kapitel im Leben der Eierspeichers: Der Musikkonzern Universal Music zog hier ein.

Stralauer Allee 1
10245 Berlin

„Bitte sehr, bitte gleich." • Die ersten Tankstellen

„Womit kann ich dienen? Wasser, Öl, Benzin? Bitte sehr, bitte gleich." Das Personal an der bekanntesten Tankstelle Berlins ist beflissen und charmant. Vor allem, wenn Lilian Harvey mit ihren langen blonden Haaren einen Pitstop einlegt. Leider gibt es die Tankstelle „Kuckuck" in Zehlendorf nicht mehr. Der Film ‚Die Drei von der Tankstelle' hat ihr ein Denkmal gesetzt. Drei Tankstellen aus den 1920er Jahren sind aber immer noch im Berliner Stadtbild zu finden. Zwar gibt es dort weder Öl noch Benzin, aber die Gebäude erinnern an eine autoverrückte Zeit, in der Tankstellen als komplett neuer Gebäudetyp überhaupt erst auftauchten.

Der kleine weiße Tankstellenbau in der Schlesischen Straße, 1929 gebaut, erinnert mit seinem vorgeschobenen Dach an den Stil der Stromlinien-Moderne. Auf der Rückseite befindet sich eine Dachterrasse, die früher der Tankmeister nutzen durfte. Die Tankstelle war allerdings nur Teil einer großen Raststätten- und Garagenanlage. Für 104 Autos standen Boxen zur Verfügung. Kleine Läden und ein Café befriedigten weitere Bedürfnisse der Autofahrer.

Nur 47 Einzelgaragen hatte die Holtzendorff-Garage, entworfen vom Berliner Architekten-Brüderpaar Johannes und Walter Krüger, in der Heilbronner Straße Ecke Holtzendorffstraße in Charlottenburg anzubieten. Dazu verfügte die Rhenania-Service-Station, eine Tochter des niederländischen Unternehmens Shell, neben der obligatorischen Tankstelle über mehrere Werkstätten. Aber auch hier ist nichts mehr von Schweiß, Öl und harter Handarbeit zu spüren. Die Tankstelle in der Schwedter Straße im Prenzlauer Berg ist die kleinste von den dreien. Keine Garagenanlage, sondern eine Remise aus dem 19. Jahrhundert steht hinter der denkmalgeschützten, rechteckigen Tankstelle. Geschlossen wurde sie 1986. Heute wird hier kein Sprit getankt, sondern Kunst. Die „Freie Internationale Tankstelle" ist Teil eines Netzwerks von stillgelegten Tankstellen, die sich als Plattformen für Kunst und Kultur verstehen. Und sie ist ein bunter Vogel: Street-Art-Künstler nutzen die weißen Wände für ihre Kunstwerke.

Ende der 1990er Jahre stellte die Tankstelle in der Schlesischen Straße mit dem Bau einer benachbarten Aral-Station den Betrieb ein. Danach wurde die Tankstelle als Café genutzt und wartet heute auf eine neue Bestimmung. Die Tankstelle der Holtzendorff-Garage war sogar bis 2002 in Betrieb und ist nun vorbildlich saniert, Teil einer neuen Wohnanlage. Ein Café soll hier einziehen. Vor kurzem ist sogar der alte Leuchtpylon wieder angebracht worden. Zeit für ein Remake von ‚Die Drei von der Tankstelle'!

Der Autoverkehr: nur eine fixe Idee?

Zwar mosert Kurt Tucholsky 1926: „Die Berliner Presse ist dabei, dem Berliner eine neue fixe Idee einzutrommeln: den Verkehr." Aber der Autoverkehr nimmt in der Weimarer Republik trotzdem stetig zu – es entwickelt sich ein Kult ums Auto. Innerhalb von zehn Jahren versechsfacht sich die Zahl der Automobile im Deutschen Reich auf ca. 500.000 (1932). Es ist die Zeit des Temporauschs. Für die besonders Eiligen wird 1921 die Automobil-Verkehrs- und Übungsstraße (AVUS) eröffnet. Neben dem neuen Bautyp der Großtankstelle entstehen Großgaragen, wie 1930 der Kant-Garagen-Palast, eine Hochgarage in der Kantstraße, deren Bau schnell weltweit für Furore sorgt. Bis 2007 wird sie als Garage genutzt. Zu hoffen ist, dass der Umbau von diesem Baudenkmal des Automobilismus etwas übrig lässt.

Vor dem Schlesischen Tor 2, 10997 Berlin,
Heilbronner Straße/Holtzendorffstraße, 10711 Berlin
und Schwedter Str. 261, 10119 Berlin

Eine Schule der Superlative • die Max-Taut-Schule in Lichtenberg

Der größte Schulkomplex Deutschlands sollte es werden. Dazu einer der modernsten, nicht nur architektonisch. Denn um Reformen ging es auch in der Bildungspolitik. Sogenannte Lebensgemeinschaftsschulen sollten die Bildung näher an das Leben rücken. Ein Architekturwettbewerb für die XXL-Schule mit einer geplanten Kapazität für 2.800 Schüler wurde ausgeschrieben. Der Gewinner: Max Taut, jüngerer Bruder von Bruno. Die Weltwirtschaftskrise 1929 stoppte zwischenzeitlich die Bauarbeiten an den „Lichtenberger Schulen". Erst 1932 erfolgte die Teilfertigstellung mit nur zwei der geplanten sieben Turnhallen. Dennoch ist es eine Anlage beinahe gigantischen Ausmaßes: Einen halben Kilometer zieht sich das Gebäude an Fischerstraße und Schlichtallee entlang. Teilweise gelber, teilweise roter Klinker, dazu farbige Fensterrahmen kennzeichnen das Schulgebäude. Kernstück des Baus: die Aula mit Platz für über 1.000 Personen. Im Krieg stark beschädigt und viele Jahrzehnte eine Ruine, wurde die farbenfrohe Max-Taut-Aula 2007 wiedereröffnet. Den Namen ihres Architekten trug sie da schon einige Jahre.

Fischerstraße 36
10317 Berlin

Eine Stadt unter Strom • das Kraftwerk Klingenberg

Eine Stadt steht unter Strom: Die Nachkriegszeit bringt in den 1920er Jahren zeitweise eine ungeheure Aufbruchsstimmung nach Berlin. Nicht nur das Kulturleben, auch die Wirtschaft blüht, die nach den harten Jahren der bis 1923 grassierenden Inflation gar nicht schnell genug wachsen kann. Ein neuer Wohlstand entwickelt sich mancherorts rasant. Immer mehr Unternehmen siedeln sich in der Stadt an, lassen sie an ihren Rändern wachsen. Die Fabriken und die vielen Menschen in der Stadt benötigen mehr und mehr Elektrizität.
Der Berliner Magistrat erkennt den steigenden Energiebedarf und gründet 1923 die Berliner Elektrizitätswerke AG, kurz BEWAG. Aufgabe der kommunalen Aktiengesellschaft sind der Ausbau sowie die Neuorganisation der Stromversorgung in der aufstrebenden Metropole. Schnell wird klar, dass nur der Bau zweier Großkraftwerke die Belieferung der Industrie mit günstiger Energie ermöglichen und der Stadt eine sichere Einnahmequelle durch den Stromverkauf bieten kann. Das Kraftwerk „West" wird in Spandau errichtet. Im Osten der Stadt wird ab 1925 in Rummelsburg gebaut.
Und dann steht es da: das Meisterwerk, das Kraftwerk Klingenberg. In Baku und Barcelona, in Buenos Aires und in Santiago de Chile und an vielen anderen Orten hat Georg Klingenberg, der als Pionier des Kraftwerkbaus geltende Professor, bereits mehr als 70 Kraftwerke gebaut. Nun also unweit der Rummelsburger Bucht an der Spree in Berlin. Georg Klingenberg, Vorstandsmitglied der AEG und Verantwortlicher für die technische Konzeption des Bauvorhabens, hat hier das leistungsstärkste und modernste Steinkohlekraftwerk seiner Zeit errichtet.
Der Standort des Energieerzeugers ist verkehrsgünstig gewählt. Links und rechts der Köpenicker Chaussee und nahe der Eisenbahnlinie erheben sich bis

heute die eindrucksvollen Backsteingebäude. Die Klinker wurden aus der Lausitz geliefert. Der Marmor im Eingangsbereich der Verwaltungsgebäude stammt aus Italien. Über den Stichkanal der Spree wird die Kohle angeliefert, einen eigenen Bahnanschluss gibt es auch.
Die architektonische Gestaltung des Heizkraftwerks übernehmen Georg Klingenbergs Bruder, Walter Klingenberg, und Werner Issel. Die Architekten geben dem Gebäudeensemble ein Äußeres, das den Anspruch, ein Meisterwerk zu erschaffen, hervorragend repräsentiert. Herzstück des Kraftwerks ist die von Georg Klingenberg entwickelte „dampfbetriebene zentrale Steuerungsanlage". Für die Umwandlung der Kohle in Elektrizität wird die aus Schlesien gelieferte Steinkohle im Mahlhaus gebrochen, getrocknet und gemahlen. In den Feuerungsanlagen der Kesselhäuser wird der Kohlenstaub in Strom umgewandelt, in jene Energie, die Berlin von der Reichsstromversorgung unabhängig machen soll. Der Bau des Kraftwerks kostet rund 60 Millionen Reichsmark – Geld, das vorwiegend von Auslandskrediten, etwa aus den USA, stammt.
Der Bau des Kraftwerks erfolgt in atemberaubender Geschwindigkeit: Vom ersten Spatenstich am 15. September 1925 vergehen weniger als zwei Jahre, bis am 18. Juli 1927 der Vollbetrieb aufgenommen werden kann. Auch die Leistung des Kraftwerks Klingenberg ist mit 270.000 kW zu ihrer Zeit einzigartig. Georg Klingenberg erlebt die Eröffnung seines Meisterwerks nicht: Er stirbt 1925 im Alter von 55 Jahren.
Berlin ist stolz auf dieses Meisterwerk der Industriearchitektur. Das Kraftwerk ist Gegenstand des Pavillons der deutschen Elektrizitätswirtschaft auf der Weltausstellung in Barcelona 1929. In Berlin selbst vermarktet man das Kraftwerk als Zeugnis der aufstrebenden Weltstadt und bringt bis in die 1930er Jahre mehrmals täglich Besucher an die Rummelsburger Bucht, wo sie in Vorträgen und bei Führungen durch die Maschinenhalle das Kraftwerk kennenlernen können.

Badespaß am Kraftwerk

Beeindruckend sind nicht nur Größe, Leistung und Aussehen des Kraftwerks an der Rummelsburger Bucht. Eine Pionierleistung der „Nachhaltigkeit" finden wir hier: So wird bei der Produktion anfallender überschüssiger Wasserdampf in große Gewächshäuser geleitet, in denen Tomaten und Gurken prächtig gedeihen. Das aufgewärmte Kühlwasser wird zum Beheizen des im Mai 1927 eröffneten Städtischen Flussbads Lichtenberg genutzt. Einladend ist das 30 bis 35 Grad warme Spreewasser und macht das Baden zu einem angenehmen Freizeitspaß – vor allem, da die innerstädtischen Flußbäder 1925 aufgrund der hohen Bakterienbelastung schließen mussten.

Köpenicker Chaussee 42
10317 Berlin

Dorotheas Keramikplatten – das Alexander-von-Humboldt-Gymnasium

Schon nahezu ein Jahrhundert lang wird im Alexander-von-Humboldt-Gymnasium in Köpenick gelernt und gebüffelt, geturnt und getobt. Wie schön muss in den ersten Jahrzehnten die Fassade gewesen sein, als noch die originalen gelben Keramikplatten das Schulgebäude von Max Taut schmückten! Heute ist es ein banaler Rauputz. Geblieben sind die glatten Straßenfronten mit großen Fensterreihen und die sehenswerte Eingangsrotunde. Daneben, auf einem Keramikrelief von Rudolf Belling, verteilt die heilige Dorothea das Brot unter den Bedürftigen. Als die Mädchenschule 1929 als Oberlyzeum Dorotheenschule eröffnet wurde, war es einer der modernsten Schulbauten in Europa, mit speziellen Räumen für Naturwissenschaften und Sportanlagen auf den Dächern. Sogar ein Ruderbecken gab es – im Keller. Da passte es gut, dass die Schule 1936 während der Olympischen Sommerspiele als Unterkunft für die Ruderer diente. Zur Schule gehörten auch ein kleiner Park und ein Garten, in dem die Schülerinnen Gemüse anbauen und Blumen pflanzen konnten. Die Lehrerschaft sei fasziniert von dem harmonischen, vollkommenen Werk, hieß es. Und wenn in unseren Tagen genug Spenden zusammenkommen sollten, werden auch bald die 55.000 benötigten gelben Keramikplatten wieder faszinieren.

Oberspreestraße 173–181
12555 Berlin

DORO THEA
ALEXANDER v. HUMBO
173

St. Martin spielt Babylon • eine Kirche erlangt Filmruhm

„Wir sind heute in die Verteidigung gedrängt. St. Martin in Kaulsdorf erhebt sich wie ein gewaltiger Ritter […]: ‚Ich stehe hier gepanzert und gewappnet als Vertreter einer fast zweitausendjährigen, christlichen Kultur.'" Eine Kirche am Stadtrand von Berlin als Verteidigerin der Christenheit: Diese große Aufgabe wurde der katholischen Kirche in Kaulsdorf in der Festschrift zur Eröffnung am 3. August 1930 erteilt. Wehrhaft wirkt er, der markante, blockartige Turm mit seinem senkrechten Fensterschlitz und den zwei zylindrischen Rundbauten davor. Die Anlehnung an eine romanische Basilika ist zu erkennen. Die runden Fenster, wie Bullaugen, erinnern an maritime Architektur. Die Architekten Heinrich Horvatin und Josef Bachem bauten neben St. Martin noch andere Kirchen in Berlin und im Umland und wurden stilprägend für den katholischen Kirchenbau der Region in den 1920ern. Die Ziegelsteine für St. Martin stammen von abgerissenen Gebäuden des Alexanderplatzes, der sich damals anschickte, „Weltstadtplatz" zu werden. Vielleicht sind hier sogar Teile des alten „Aschinger" verbaut? Im Inneren der Kirche blieb wenig Originales aus der Bauzeit erhalten. Am schönsten ist das Juwel des Backsteinexpressionismus von außen – auch als ein Drehort der Serie ‚Babylon Berlin'.

Nentwigstraße 1
12621 Berlin

① Eierkühlhaus

② Tankstelle

③ Max-Taut-Schule

④ Kraftwerk Klingenberg

⑤ Alexander-von-Humboldt-Gymnasium

⑥ Sankt Martin

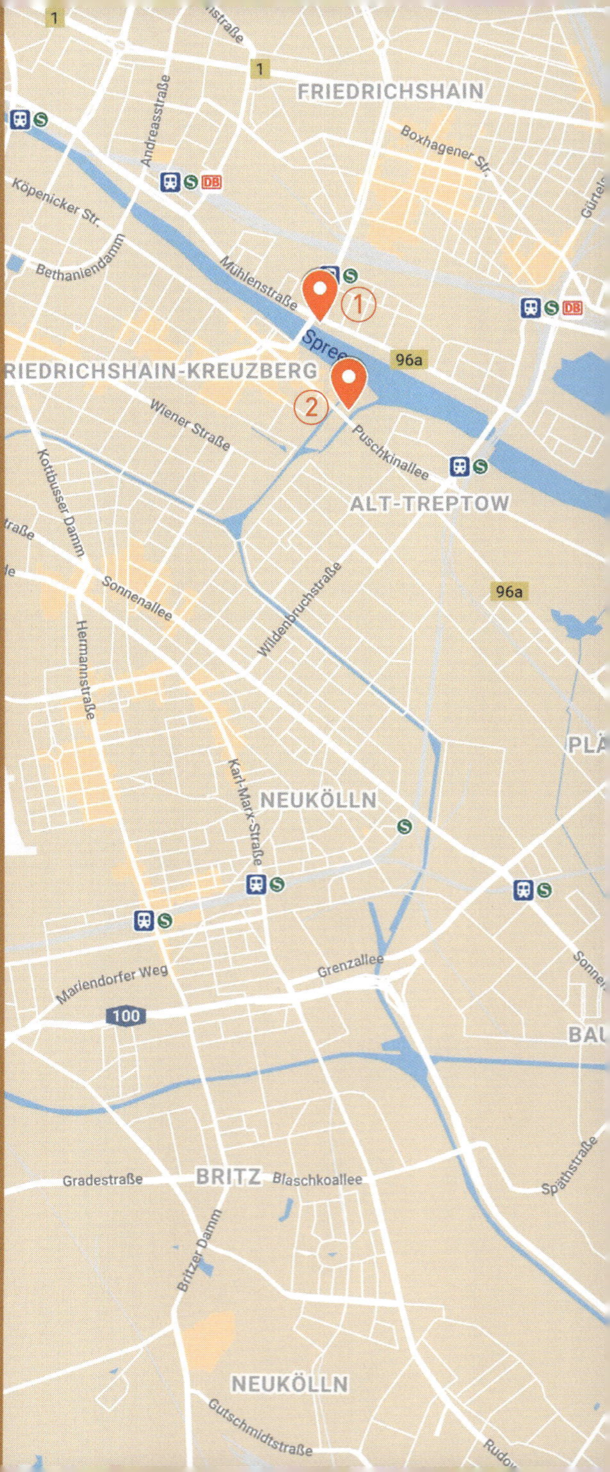

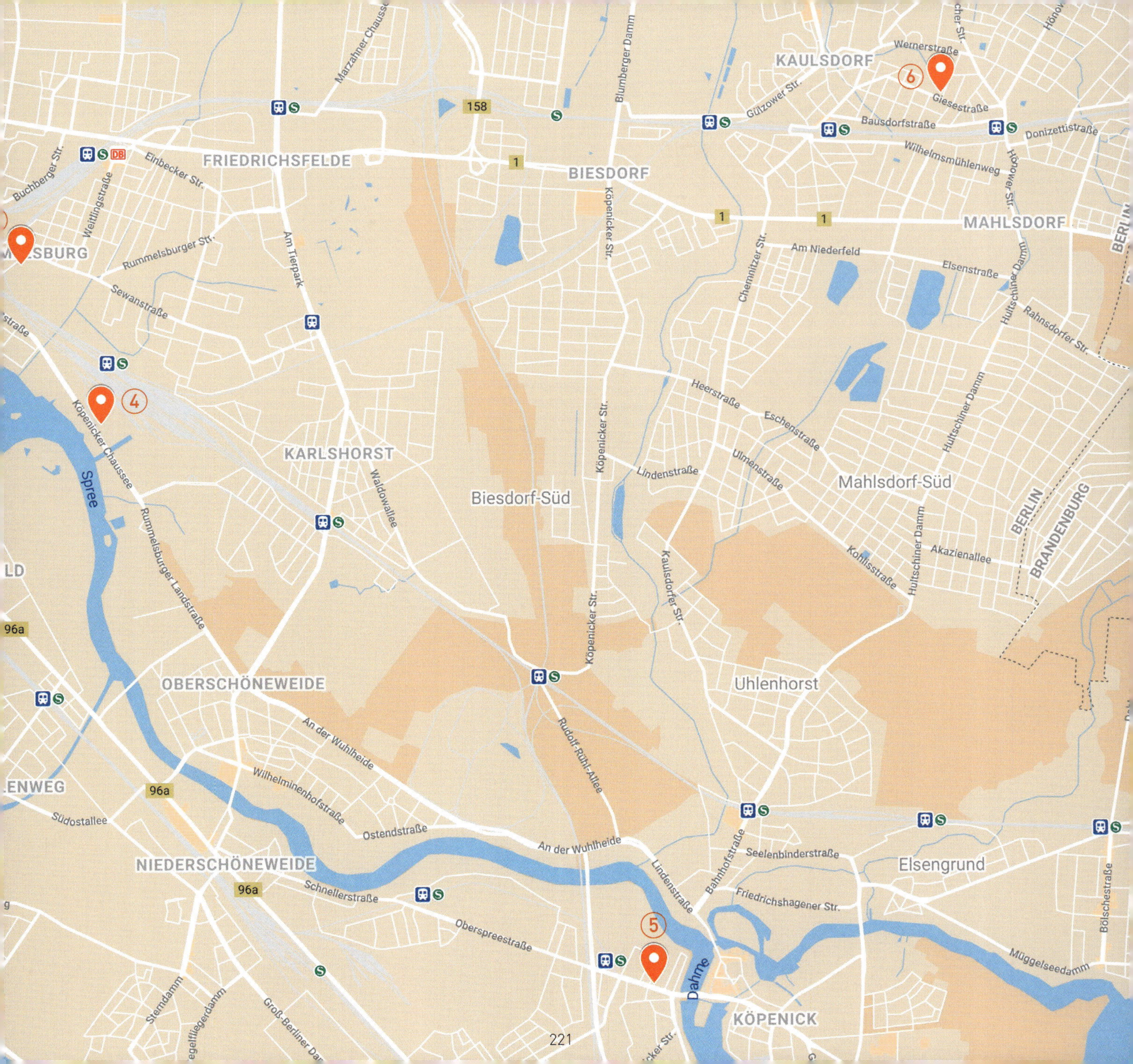
KAULSDORF
FRIEDRICHSFELDE
BIESDORF
MAHLSDORF
KARLSHORST
Biesdorf-Süd
Mahlsdorf-Süd
OBERSCHÖNEWEIDE
Uhlenhorst
NIEDERSCHÖNEWEIDE
Elsengrund
KÖPENICK
BERLIN
BRANDENBURG
Spree
Dahme
Marzahner Chaussee
Blumberger Damm
Wernerstraße
Giesestraße
Gülzower Str.
Bausdorfstraße
Wilhelmsmühlenweg
Donizettistraße
Hönower Str.
Buchberger Str.
Einbecker Str.
Weitlingstraße
Rummelsburger Str.
Am Tierpark
Köpenicker Str.
Chemnitzer Str.
Am Niederfeld
Elsenstraße
Hultschiner Damm
Rahnsdorfer Str.
Sewanstraße
Heerstraße
Eschenstraße
Ulmenstraße
Lindenstraße
Köpenicker Chaussee
Rummelsburger Landstraße
Waldowallee
Kaulsdorfer Str.
Kohlisstraße
Akazienallee
Rudolf-Rühl-Allee
An der Wuhlheide
Wilhelminenhofstraße
Ostendstraße
Südostallee
Schnellerstraße
Oberspreestraße
Bahnhofstraße
Seelenbinderstraße
Friedrichshagener Str.
Müggelseedamm
Bölschestraße
Sterndamm
Groß-Berliner Damm
158
1
96a
4
5
6

SÜDEN

Wohnen im Wohnturm • die DEGEWO baut am Innsbrucker Platz

Der erste Wohnturm in Berlin, so heißt es stolz in der Broschüre der DEGEWO zur Eröffnung der Gebäude am Innsbrucker Platz 1927. Die beiden Architekten, Paul Mebes und sein Schwager Paul Emmerich, sind schon seit der Kaiserzeit Vorreiter für neue Lösungen im Wohnungsbau: gegen Mietskasernen, für offene Wohnsiedlungen – und diese am besten mit großen Gärten. Solche gibt es am Innsbrucker Platz nicht. Neben dem markanten Hochhaus entstehen weitere Wohnblöcke mit heute noch 183 Wohnungen. Ästhetisch sehr geschlossen, arbeiten die Architekten weniger mit Details, sondern mehr mit Farbeffekten, um zum Beispiel die Treppenhäuser, die Loggien und die Fensterbänder hervorzuheben.

Die Bauherrin, die erst drei Jahre zuvor gegründete Deutsche Gesellschaft zur Förderung des Wohnungsbaues (DEGEWO), ist mit dem Ergebnis äußerst zufrieden. Und für das leibliche Wohl der Anwohner war zumindest damals auch gesorgt. Sogar eine Tanzdiele gab es im „Café Innsbruck". Die „degewo", aktuell die größte landeseigene Wohnungsgesellschaft, besitzt die Wohnblöcke am Innsbrucker Platz immer noch.

Innsbrucker Platz
10827 Berlin

degewo

Ein Stück Filmgeschichte • die Geyer-Werke

Dutzendfach geschrieben steht es auf der Klinkerfassade, horizontal angeordnet wie ein Filmstreifen: Geyer Werke AG. Dieser Firmenname hat über viele Jahrzehnte einen Ruf wie Donnerhall in der Filmbranche. 1911 wurde das als „älteste Filmfabrik" bezeichnete Werk von Karl August Geyer gegründet. Entwickeln, schneiden, Zwischen- und Untertitel hinzufügen, kopieren: Diese Schritte auf dem Weg zum fertigen Kinofilm übernahm Geyer – damals eines der größten Filmkopierwerke weltweit. Der Name Geyer war ein Qualitätsversprechen. Und da es in der Weimarer Republik mit dem deutschen Film weiter aufwärts ging, baute der Schweizer Architekt Otto Rudolf Salvisberg 1928 dieses Gebäude in Neukölln.

Außen: eher schlicht, mit einer turmartigen Erhöhung über dem Eingangsbereich und den Endlosschleifen des Firmennamens. Innen aber fand der Besucher eine Mischung aus Labor und Fabrik: Tanks mit chemischen Substanzen, Perforiermaschinen, Druckmaschinen, Kopiermaschinen.

Bis zur Insolvenz im Jahr 2013 reicht die Firmengeschichte. Die Zeiten der Filmrollen und des analogen Filmschnitts sind längst Vergangenheit. Ein wichtiges Stück Berliner Filmgeschichte ist zu Ende gegangen.

1921

Harzer Straße 39
12059 Berlin

EVERWERKEG

Eine Burg für den Goldjungen • die Kindl-Brauerei

Bier trinken die Berliner immer. Selbst wenn das Geld knapp ist. Daher geht es den Brauereien in Zeiten von Wirtschaftskrise und Massenarbeitslosigkeit auch nicht schlecht. Ganz vorne dabei: die Berliner-Kindl-Brauerei. Als „liquideste Bank Deutschlands" wird Kindl in der Endphase der Weimarer Republik bezeichnet und produziert fleißig weiter das flüssige Gold. 1930 entsteht neben einem Verwaltungsgebäude daher ein beeindruckendes neues Sudhaus, in Neukölln auf dem Rollberg.

Auf dieser Anhöhe hat die Geschichte der Brauerei ein halbes Jahrhundert zuvor angefangen. Als Vereinsbrauerei gegründet, entschied man sich als eine der ersten Brauereien Deutschlands, ein Bier nach Pilsener Brauart zu brauen. Das Markenzeichen des Berliner Kindls, der Goldjunge im Glas, kam 1907 dazu. Schnell wuchs die Berliner Brauerei zu einer der größten Deutschlands.

Hier, auf Kindls heimatlichem Gelände, entsteht nun 1930 eine wahre Brauerei-Burg mit wehrhaftem Turm und einer neogotischen Eingangspforte. Diese führt zum schönsten Raum der Brauerei: dem Sudhaus. Und da stehen sie, die großen, kupferverkleideten Kessel, Sudpfannen genannt. Vier davon ebenerdig, zwei erhöht als „Kindl-Throne". Zur Zeit des Baus sind es die größten Sudpfannen Europas.

Seit 2005 riecht es hier aber nicht mehr nach Hopfen – Kindl ist ausgezogen. Dafür gibt es leckeren Kaffee im „Café Babette", das hier seit 2018 Gäste bewirtet. Und im Maschinenraum mit seinen fast 20 Metern Höhe sind vor allem Großinstallationen zeitgenössischer Künstler zu bewundern. Denn das ganze Gelände präsentiert sich nach einer beeindruckenden architektonischen Umwandlung heute als „KINDL – Zentrum für zeitgenössische Kunst", einer der außergewöhnlichsten Ausstellungsorte Berlins. Auch Bier gibt es hier wieder: Eine kleine Privatbrauerei knüpft an alte Traditionen an und braut im Keller seine Craft-Biere.

Am Sudhaus 3
12053 Berlin

Ein Zebra in Neukölln • Wohnanlagen Werrablock

Das Dickhäuterhaus steht im Tierpark, das Elefantenhaus im Zoo, und das Zebrahaus? In der Weserstraße in Neukölln! Allerdings – dort gibt es keine Zebras. Namensgebend ist die auffällige Fassadengestaltung mit horizontal verlaufenden Bändern aus rotem Backstein und ockerfarbigem Putz. Das Zebra hat seine schwarz-weißen Streifen anscheinend dem wilden Metropolenleben angepasst. Das Zebrahaus gehört zum Werrablock, einer genossenschaftlichen Reformsiedlung, 1926 erbaut von Paul Mebes. Der überall in Berlin aktive Architekt befand sich zu dieser Zeit noch in seiner expressiven Phase, die später von einem sachlicheren Baustil abgelöst wurde, zu entdecken an den von ihm entworfenen Gebäuden am Innsbrucker Platz. Markant am Zebrahaus ist die Häuserecke mit dem vorgesetzten überdachten Erker, aus dem ein dreieckiger Pfeiler hervorragt wie ein mittelalterlicher Bergfried. Der Kerngedanke der Wohnreformbewegung – „Licht, Luft und Sonne für alle" – ist durch großzügige Innenhöfe vorbildlich umgesetzt. Die Wohnanlage in Neukölln erscheint für ein Arbeiterviertel fast luxuriös. So waren es denn auch überwiegend Beamte und andere Staatsbedienstete, die zunächst hier einzogen.

Innstraße/Werrastraße/Weserstraße
12059 Berlin

Eine glückhaft kleine Stadt • die Hufeisensiedlung

„Um seiner selbst willen Neukölln aufzusuchen, dazu kann man eigentlich niemandem raten. Eine traurige Gegend." Dieses vernichtende Urteil aus dem Jahr 1929 stammt vom Schriftsteller Franz Hessel. Aber nicht ganz Neukölln verdammt der bekannte Großstadtflaneur! Am südlichsten Ende, in Britz, stößt er auf etwas, das seine Gnade findet. Vielmehr: er feiert eine Siedlung, die wohl „das Wichtigste ist, was zur Zeit mit Berlin geschieht". Eine junge Architektengeneration sei hier am Werk gewesen und habe menschenwürdige Wohnungen sowie eine glückhaft kleine Stadt geschaffen. Hessel ist angekommen in der Hufeisensiedlung in Neukölln!

Tatsächlich liegt die Siedlung weit entfernt vom Stadtzentrum. Aber hier, auf den Feldern und Wiesen des ehemaligen Rittergutes Britz, gab es ausreichend Platz für die Schaffung einer neuartigen Siedlungslandschaft. 1925 erfolgt der Startschuss zur ersten Großsiedlung Berlins. Bis 1930 realisieren Architekt Bruno Taut und der spätere Berliner Stadtbaurat Martin Wagner sechs verschiedene Bauabschnitte im Auftrag der Wohnungsbaugesellschaft GEHAG.

Insgesamt werden es etwa 2.000 Wohnungen. Die meisten davon befinden sich in dreieinhalbgeschossigen Wohnblöcken, etwa ein Drittel in Reihenhäusern. Die verschiedenen Wohntypen ergänzen sich und nehmen so raffiniert aufeinander Bezug, dass es nie eintönig wirkt. An ausreichend Licht, Luft und Sonne für alle haben Taut und Wagner natürlich gedacht. Vor den Reihenhäusern befinden sich Gärten oder Terrassen, und jede Geschosswohnung verfügt über eine Loggia mit Blick auf Frei- und Gartenflächen. „Gepflegter als in den Laubenkolonien, und innerhalb eines viel gemeinsameren Ganzen", wie Hessel bemerkt.

Von der Großsiedlung Britz spricht bald keiner mehr. Unter dem Namen Hufeisensiedlung wird sie eine Ikone, der Star unter den UNESCO-Weltkulturerbe-Siedlungen. Den Namen versteht man, wenn man von der Fritz-Reuter-Allee auf das Herzstück der Siedlung schaut: ein 350 Meter langes, hufeisenförmiges Gebäude, das einen kleinen, aus der Eiszeit stammenden Pfuhl umschließt. Perfekt geeignet zum Spielen, Sonnenbaden und Planschen – ein Paradies für Familien. Eine Rutsche ist ebenfalls geplant. Aber dann kommt es doch anders: Das Betreten des Rasens wird untersagt. Ganz ohne preußische Ordnung geht es auch in der Hufeisensiedlung nicht, obwohl die meisten Bewohner eher aus dem linken Spektrum kommen. Viele stehen der SPD und den Gewerkschaften nahe, dazu kommen einige Künstler wie zum Beispiel Erich Mühsam. Die Siedlung hat einen Mieterbeirat und gibt eine eigene Wochenzeitschrift heraus, in der auch mal Vorschriften diskutiert werden. Ziemt es sich, wenn die Kinder nackt durch die Gärten flitzen? Darf der Nachbar bei offenem Fenster laut Radio hören? Und ist es nicht unsittlich, die Unterwäsche sichtbar für alle im Vorgarten aufzuhängen? Dürfen die knalligen Farben der Fassaden übertüncht werden?

Für die letzte Frage liefert Bruno Taut eine Antwort oder vielmehr ein Plädoyer: „Wir müssen die Farbe als absolut

gleichberechtigt neben der Form anerkennen. Verachtet mir nicht dieses herrliche Gottgeschenk, die reine, ungebrochene Farbe." Taut setzt in der Siedlung leuchtende Farben ein, die er virtuos miteinander kombiniert, um so eine maximale Wirkung zu erzielen. „Alles schmucklos und doch schmuck", schreibt der Flaneur Hessel begeistert über die Farbigkeit von Fassaden, Türen und Fenstern. Vor allem die mehrfarbig lackierten Eingangstüren stechen als Farbtupfer hervor.

Die Farbe hat für Taut nicht nur einen ästhetischen Wert. Er spricht ihr auch weltverbessernde Qualitäten zu, sie bannt das Düstere und das Traurige und tritt als Zerstörer des Schlechten auf. Und vielleicht hat sie auch eine politische Bedeutung? Die lange Front der Fritz-Reuter-Allee ist komplett in „Berliner Rot", einem schlammigen Rotton, gestrichen. „Rote Front", später „Chinesische Mauer" wird diese Gebäudezeile auch genannt. Damit steht sie für die politische Haltung vieler Bewohner. Aber sie symbolisiert vor allem den Gegensatz, ja die Ablehnung dessen, was auf der anderen Seite gleichzeitig entsteht: die traditionelle Krugpfuhlsiedlung der DEGEWO. Einen weiteren Grund für die Farbe Rot verrät Bruno Taut in seinen Siedlungsmemoiren: sie war billig zu haben.

Wie lebte es sich eigentlich in den so gepriesenen Siedlungswohnungen von Bruno Taut? Das kann man im wahrsten Sinne nacherleben: „Tautes Heim" heißt das mietbare, zweigeschossige Reihenhaus in der Hufeisensiedlung. Ein Museum zum Wohnen. Außen ein großer Garten, innen in Farbgestaltung und Mobiliar eine beeindruckende Reise in die Zeit des Neuen Bauens – schöner und bunter wohnen. Die Inhaber, Ben Buschfeld und Katrin Lesser, Urenkelin des Gartenarchitekten Ludwig Lesser, bieten auch Führungen durch die Siedlung an.

Fritz-Reuter-Allee
12359 Berlin

Die Alternative zur „Roten Front" • die Krugpfuhlsiedlung

Sie stehen sich gegenüber, belauern sich. Aber die eine dreht der anderen ihren Rücken zu. Fast feindselig ist das Auftreten der „Roten Front" an der Fritz-Reuter-Allee in Britz. Wie reagiert die Kontrahentin auf die fast soldatische Reihung der 32 Wohneinheiten mit Flachdach? Eher einladend, mit traditionell-romantisierenden Elementen, im konservativen Heimatstil gehalten. Das ist die Krugpfuhlsiedlung der DEGEWO, die sich hier mit der Hufeisensiedlung der GEHAG misst.

Beide sind zur selben Zeit entstanden. Und auch hier gibt es einen Teich als Mittelpunkt, den Krugpfuhl, den die Bewohner schnell liebevoll „Eierteich" nennen. Auch hier spielen Licht und Natur eine wichtige Rolle, auch hier gibt es ein Farbkonzept. Aber die Fachwelt stürzte sich auf die Hufeisensiedlung und machte sie weltweit zu einer der bekanntesten Wohnsiedlungen. Bruno Taut spottete über die Nachbarn und ihre romantische Sentimentalität, die spitzen Giebel, die Erker und die steilen Dächer, die viel Geld kosteten. Tauts Wohnungen dagegen: mit flachen Dächern. Alles sei von großer Einfachheit, um die Baukosten gering zu halten.

Fritz-Reuter-Allee
12359 Berlin

Unter dem Auge der Eule • das Ullsteinhaus

Wachsam schaut die über zwei Meter große, bronzene Eule vom Ullsteinhaus auf die Straße und den Teltowkanal. Sie ist das Signet des Verlags, dessen riesiges Druckhaus noch heute die Silhouette Tempelhofs prägt. Der Bau geht zurück auf eine gute und richtungsweisende Entscheidung Anfang 1919. Während auf den Berliner Straßen Aufruhr herrscht, kauft sich der Ullstein-Verlag klammheimlich ein riesiges Gelände an der Grenze zwischen Mariendorf und Tempelhof. Schon während der Kaiserzeit hat sich der Medienkonzern prächtig entwickelt. Das große Verlagsgebäude in der Kochstraße, im damaligen Zeitungsviertel, ist bereits mehrmals erweitert worden. In der Weimarer Republik wird fleißig weitergelesen – die Berliner sind süchtig nach Nachrichten und Schlagzeilen. Ullstein als größter Zeitungs- und Zeitschriftenverlag Europas ist ihr Lieferant. Topseller: als Tageszeitung die ‚Morgenpost' und als Wochenzeitschrift die ‚Berliner Illustrierte' mit einer Auflage von 1,9 Millionen Exemplaren. Aber auch kleinere, wegweisende Zeitschriften wie das Satiremagazin ‚Uhu' gehören zum Portfolio.

Nun muss die Druckerei mit ihren riesigen Maschinen zum Tempelhofer Hafen ziehen. Die Redaktionen bleiben überwiegend in der Kochstraße, am Puls der urbanen Zeit. Das neue Gebäude soll mehr sein als ein normales Fabrikgebäude: nämlich die Größe des Verlags repräsentieren. Architekt Eugen Schmohl hat die Berliner gerade erst mit seinem 65 Meter hohen Borsigturm beeindruckt. Hier legt er noch ein paar Meter drauf. Und ab 1927, zwei Jahre nach Baubeginn und damit passend zum 50-jährigen Geburtstag des Verlags, ragt der Turm des Ullstein-Hauses über den Tempelhofer Hafen – das neue Wahrzeichen von Tempelhof. Der Weg dahin gestaltete sich allerdings als nicht ganz einfach. Gleich zu Beginn der Baumaßnahmen ein Schock: An der Berliner Straße, wo die Maschinensäle für die schweren Druckmaschinen vorgesehen waren, stieß man statt auf Sandgrund auf Moorboden. Hier war vor Urzeiten ein Flussbett gewesen. Die vorgesehenen Massen würde dieser Boden nicht tragen können. Die Pläne mussten geändert werden. Ausgerechnet mitten in dieser schwierigen Zeit starb Eugen Schmohl. War es Gram über die Verzögerung des Baus, wie gemunkelt wurde? Statt schwerer Säle und des Turms wurde der Bereich zur Straße schließlich mit Kantine und Küche belegt, für die Maschinensäle gab es noch ausreichend Platz. Und so wuchs der größte Stahlbetonskelettbau in Deutschland weiter in Breite und Höhe.

Ein Meisterwerk des Backstein-Expressionismus: Die gesamte Fassade ist mit rotbraunen Klinkern aus der Lausitz verkleidet. Die Steine sind nicht nur abwechslungsreich in ihrer Färbung, sondern auch leicht gebeult, um das Spiel der Farben zu verstärken. Großen Wert legte man außerdem auf Gebäudeschmuck: Zehn Prozent der Bausumme wurden für die Steinmetzarbeiten aufgewendet, das ist ungewöhnlich für eine Fabrikanlage. Und so beeindruckt das Gebäude, neben der Eule, mit zahlreichen Figurengruppen und Ornamenten. Manche davon erinnern an mittelalterliche Wasserspeier. Die schmalen Fenster und der Turm wecken ohnehin Assoziationen an eine gotische Kathedrale mit Glockenturm. Mal wieder eine Kathedrale der Industrie in Berlin!

Innen ist es dann wirklich eine Fabrik, eine Zeitungsfabrik. Der Flaneur Franz Hessel berichtet: „Ja, da stehen wir wie betäubt im Riesensaal der ‚Berliner Illustrierten' und sehen an der Decke die Papierrollen hinlaufen, sich niederlassen in das eiserne Greifen und Drehen und als bebilderte aufgeschnittene fertige Zeitschrift herausspazieren." Ohrenbetäubend und atemraubend. Gäste konnten das Wunderwerk der Technik bewundern – neben Sultan Fuad von Ägypten immerhin 50.000 Besucher in den ersten fünf Jahren.
Nach dem Krieg und den Beseitigungen der Schäden geht es weiter mit dem Ullstein-Haus, zunächst auch mit der 1934 enteigneten Familie Ullstein. Dann steigt der Springer-Verlag ein und übernimmt nach und nach Verlag und Haus. 1985 ist Schluss mit dem Druckhaus Tempelhof, der Aus- und Umbau zu einem Gewerbestandort und Modezentrum beginnt. Momentan besitzt die Immobilienfirma der durch Zalando bekannt gewordenen Samwer-Brüder das Gebäude. Unerschütterlich thront aber immer noch die Eule über dem Seiteneingang und freut sich auf den 100-jährigen Geburtstag des Gebäudes.

Das heiße Herz des Künstlers

Schon während des Baus beschließt der Ullstein-Verlag, das Werden des Gebäudes in einer Monografie festzuhalten. Kritisch gehen die Autoren dabei mit der modernen Architektur und der Forderung nach Sachlichkeit um: „Eine neuerungssüchtige Jüngerschar betet dieses neue Evangelium in nüchterner Trostlosigkeit an und nimmt es als Deckmantel für eine phantasielose Kunst, die das Mittel zum Selbstzweck erhebt, die da bereits aufhört und sich am Ziele glaubt, wo die schöpfungsfreudige Phantasie, der Genius, beginnt. Ein Bauwerk wie das vorliegende wird auch in späteren Zeiten immer verstanden und gewürdigt werden, weil es mit dem heißen Herzen eines Künstlers geschaffen worden ist."

Ullsteinstraße 114–142
12109 Berlin

① Geyer-Werke

② Wohnanlagen Werrablock

③ Kindl-Brauerei

④ Hufeisensiedlung

⑤ Krugpfuhlsiedlung

⑥ Ullsteinhaus

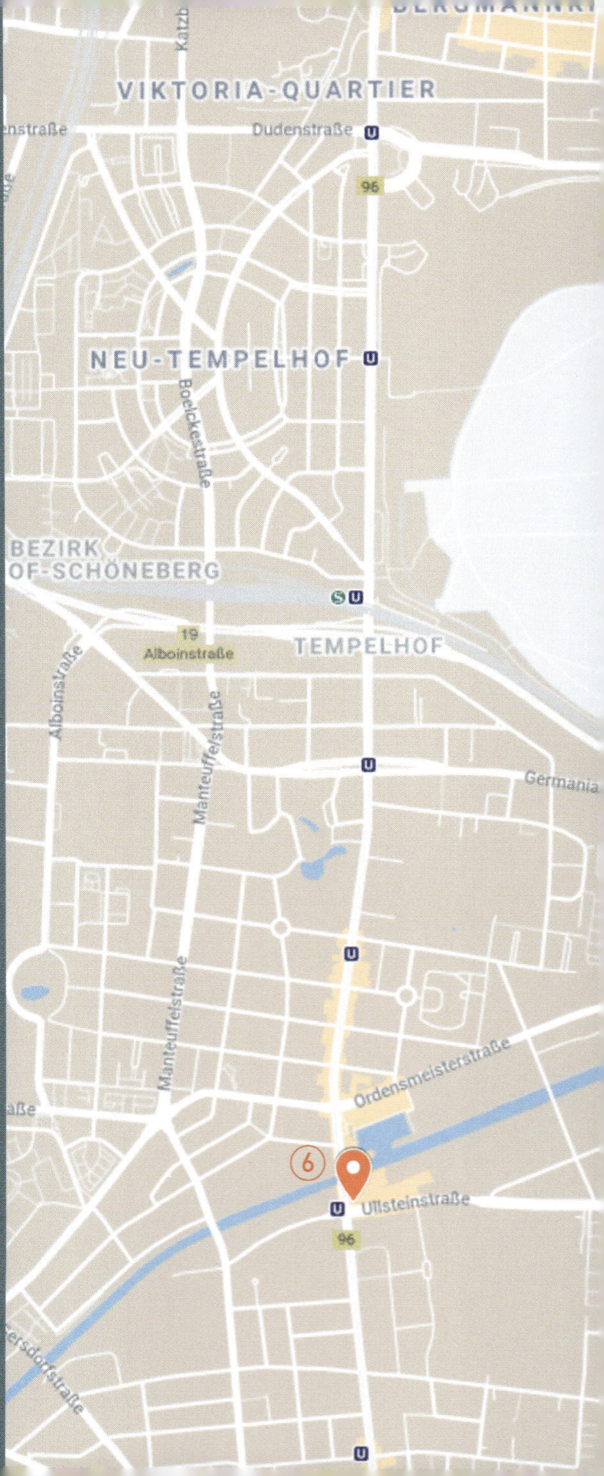

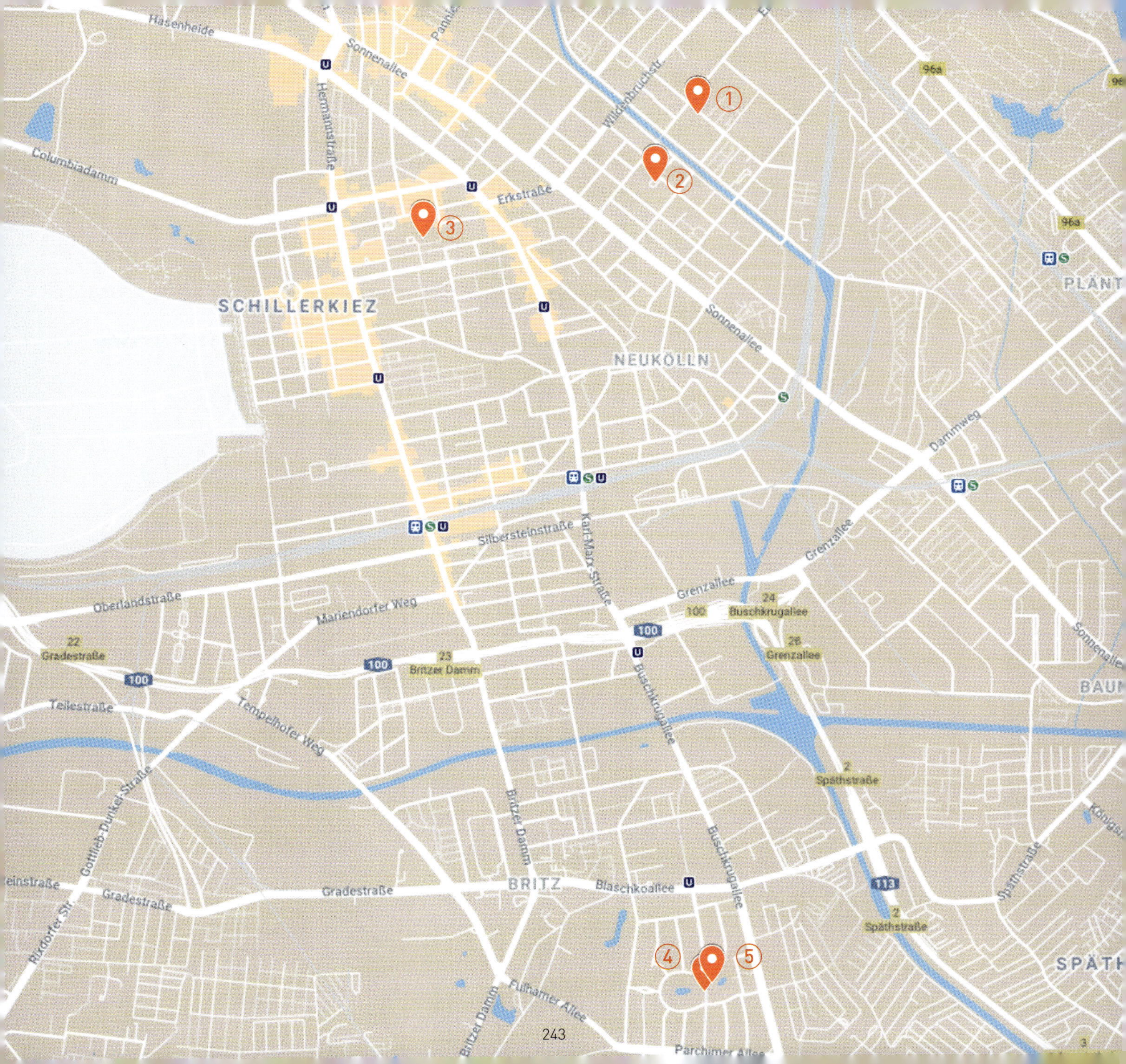

Hasenheide
Sonnenallee
Hermannstraße
Columbiadamm
Wildenbruchstr.
Erkstraße
SCHILLERKIEZ
NEUKÖLLN
Sonnenallee
Dammweg
Silbersteinstraße
Karl-Marx-Straße
Grenzallee
Oberlandstraße
Mariendorfer Weg
100
Buschkrugallee
24
26
Grenzallee
22
Gradestraße
23
Britzer Damm
Teilestraße
Tempelhofer Weg
Gottlieb-Dunkel-Straße
Buschkrugallee
2
Späthstraße
Britzer Damm
BRITZ
Blaschkoallee
Gradestraße
Rixdorfer Str.
113
Fulhamer Allee
Parchimer Allee
PLÄNT
BAUM
SPÄTH
96a
1
2
3
4
5

Mit dem Fahrrad durch das Berlin der 1920er Jahre

von Christian Tänzler und Arne Krasting

Dutzende Fahrräder schießen durch die Straßen Berlins. Es sind junge Arbeitslose auf ihrer alltäglichen Hetzjagd nach Arbeit. Grelle, treibende Musik begleitet die meist erfolglose Suche. So beginnt der Film ‚Kuhle Wampe' aus dem Jahr 1932, effektvoll untermalt von der Filmmusik Hanns Eislers. Für die Arbeiter sind Fahrräder von großer, teilweise existenzieller Bedeutung. So auch für viele andere: Das Fahrrad ist in der Zeit der Weimarer Republik aus den Berliner Straßen nicht wegzudenken. Für jeden Geschmack und jeden Gebrauch gibt es Fahrräder. Revoltierende Soldaten, Familien auf dem Weg zum Wannsee, Zeitungsverkäufer bei der Suche nach Abnehmern sind auf Zweirädern unterwegs. Aber auch im Sport zeigt sich die Fahrradbegeisterung der Berliner. In keiner deutschen Stadt finden mehr Radrennen statt. Im Mittelpunkt der Radsporteuphorie steht natürlich das Sechstagerennen im Schöneberger Sportpalast. Sogar Künstler und Intellektuelle lassen sich in den Bann dieser Massenveranstaltung ziehen und lauschen begeistert den Pfiffen des Berliner Originals „Krücke".

Nicht nur das Sechstagerennen hat überlebt. Das Fahrradfahren zählt auch heute noch zu den beliebtesten Aktivitäten der Berliner und ihrer Gäste und ist fester Bestandteil des typischen Berliner Lebensstils. Kein Wunder: Die Stadt ist sehr grün und hat diverse Seen, Flüsse und Kanäle zu bieten. Außerdem laden die flache Topografie Berlins und die gute Infrastruktur zum entspannten Radeln ein. Auch wenn Stadtteile mit Namen wie Schöneberg, Prenzlauer Berg oder Kreuzberg vermuten lassen, dass es anstrengend wird, können diese bescheidenen Höhenzüge ohne nennenswerten Krafteinsatz bewältigt werden.

Kilometer um Kilometer werden neue Pop-up-Radwege durch die Stadt gezogen, viele neue thematische Radrouten lassen Kiezgrenzen verschwinden – alles unbestreitbare Indizien einer Renaissance des Radfahrens in der Stadt. Auch für unsere vier Touren zu den Gebäuden der Weimarer Republik drängt sich das Rad als Verkehrsmittel geradezu auf, sind die Objekte doch über das gesamte Stadtgebiet verteilt und führen uns bis an den Stadtrand. Die Routen in alle vier Himmelsrichtungen machen den Umfang des 1920 gegründeten Groß-Berlins deutlich und zeigen, wie unerwartet schnell urbane und dörfliche Atmosphäre ineinander übergehen.

Route 1: Von Dahlem bis zum Wannsee

Anreise: mit der U3 bis Breitenbachplatz
Abreise: mit der S- oder Regionalbahn ab Wannsee
Länge: 17 km

Unsere erste Tour führt zu beeindruckenden Villen und Vorzeige-Wohnsiedlungen in Zehlendorf, durch den Universitäts-Campus der Freien Universität bis zum Wannsee. Das wilde Treiben dort steht in schönem Kontrast zum dörflichen Dahlem.

Die Tour startet in der Schorlemerallee vor der Versuchssiedlung der Architekten Luckhardt und Anker. Wir folgen der Schorlemerallee Richtung Westen bis zur Podbielskiallee, überqueren diese, umfahren den gleichnamigen U-Bahnhof rechter Hand und biegen dann in den Franz-Grothe-Weg ein bis zur Königin-Luise-Straße. Danach geht es rechts vorbei am U-Bahnhof Dahlem Dorf durch die Löhleinstraße bis zur Thielallee, in die wir links abbiegen und der wir bis zur Kaiserswerther Straße folgen, um uns kurz das Präsidialbüro der Freien Universität anzuschauen. 1927 vom Architekten des Funkturms, Heinrich Straumer, als Verbandsgebäude errichtet, tagte hier 1945 das erste Mal der Alliierte Kontrollrat. Die Innenräume in ihrer Mischung aus Expressionismus und Art déco sind zum Teil noch original erhalten. Nachdem wir die Thielallee überquert haben, geht es durch den Faradayweg, vorbei an der Jesus-Christus-Kirche. Die Backsteinkirche wurde 1932 eröffnet und diente Martin Niemöller und anderen Pfarrern der Bekennenden Kirche für Predigten. Anschließend geht es links in die Hittorfstraße bis zum Universitäts-Campus, dem „Deutschen Oxford". Seit der Kaiserzeit befinden sich hier zahlreiche renommierte Institute. Dann biegen wir rechts in die Van't-Hoff-Straße ein und gleich wieder links in die Boltzmannstraße, vorbei am Henry-Ford-Bau, wo John F. Kennedy 1963 eine Rede hielt und die 68er ein ums andere Mal Rasen und Aula okkupierten – und dann rechts in die Garystraße.

Wir radeln durch die Garystraße bis zur Clayallee, der wir ein kurzes Stück nach rechts folgen, um dann links auf die Argentinische Allee einzubiegen, bis wir zur Ecke Riemeisterstraße kommen. Der U-Bahnhof Onkel Toms Hütte ist bereits links zu sehen. Die Waldsiedlung Zehlendorf, so die eigentliche Bezeichnung, wurde von Bruno Taut geplant –

und entwickelte sich zu einem der Protagonisten im Zehlendorfer Dächerkrieg. Die Gegenseite befindet sich direkt nebenan: Es ist die deutlich konservativere Siedlung am Fischtalgrund. Weiter auf der Rietmeisterstrasse erreichen wir den Fischtalpark. Jetzt geht's rechterhand durch den Park (Achtung: Schiebestrecke) bis zur Onkel-Tom-Straße. Diese überqueren wir und radeln den Siebenendenweg entlang (gut befahrbare Schotterstrecke), bis wir links in die Wilskistraße einbiegen (gut befahrbares Kopfsteinpflaster), vorbei an der Zinnowwaldschule. Nach der Fertigstellung der Siedlungen fehlte noch ein Schulbau. Diese in den Kiefernwald hineinkomponierte Schule besitzt als Schmuckstück eine kürzlich sanierte Aula, die als Bühne für Theater und Musikaufführungen diente.

Über den Poßweg nach rechts und anschließend links in den schmalen Pfad des Rauweilersteigs – wir erreichen den U-Bahnhof Krumme Lanke. Erbaut wurde die Station 1929 von dem Stammarchitekten der BVG, Alfred Grenander. Nach ihm ist auch der Platz vor dem Bahnhof benannt. Der Argentinischen Allee folgen wir bis zum Mexikoplatz, um unseren Weg dann rechts durch die Straße Am Schlachtensee fortzusetzen. Hinter der S-Bahnstation Schlachtensee machen wir einen Abstecher über die Krottnaurerstraße in den Waldsängerpfad, um ein von Peter Behrens entworfenes Wohnhaus mit charakteristischem Erker anzusehen. Zurück an der Straße Am Schlachtensee radeln wir bis zur Spanischen Allee: immer geradeaus über die A115-Brücke, im Volksmund auch Spinnerbrücke genannt, bis zum Strandbad Wannsee. Entweder lockt hier im „Weltstadtbad" eine kleine Pause im Wasser. Oder wir fahren direkt über den Wannseebadweg zurück zum Kronprinzessinnenweg und folgen diesem rechts bis zum 1928 neu eröffneten S-Bahnhof Wannsee, wo unsere Tour nach rund 17 Kilometern endet. Zum Ausklang bietet sich der Biergarten „Loretta" mit Blick über den Wannsee an.

Route vom Breitenbachplatz zum S-Bahnhof Wannsee

- Ⓐ Breitenbachplatz
- Ⓑ Präsidialamt FU Berlin
- Ⓒ Jesus-Christus-Kirche Dahlem
- Ⓓ Henry-Ford-Bau, Garystraße
- Ⓔ U-Bahnhof Onkel Toms Hütte
- Ⓕ Fischtalpark
- Ⓖ Zinnowwald-Grundschule
- Ⓗ U-Bahnhof Krumme Lanke
- Ⓘ Strandbad Wannsee
- Ⓙ S-Bahnhof Wannsee

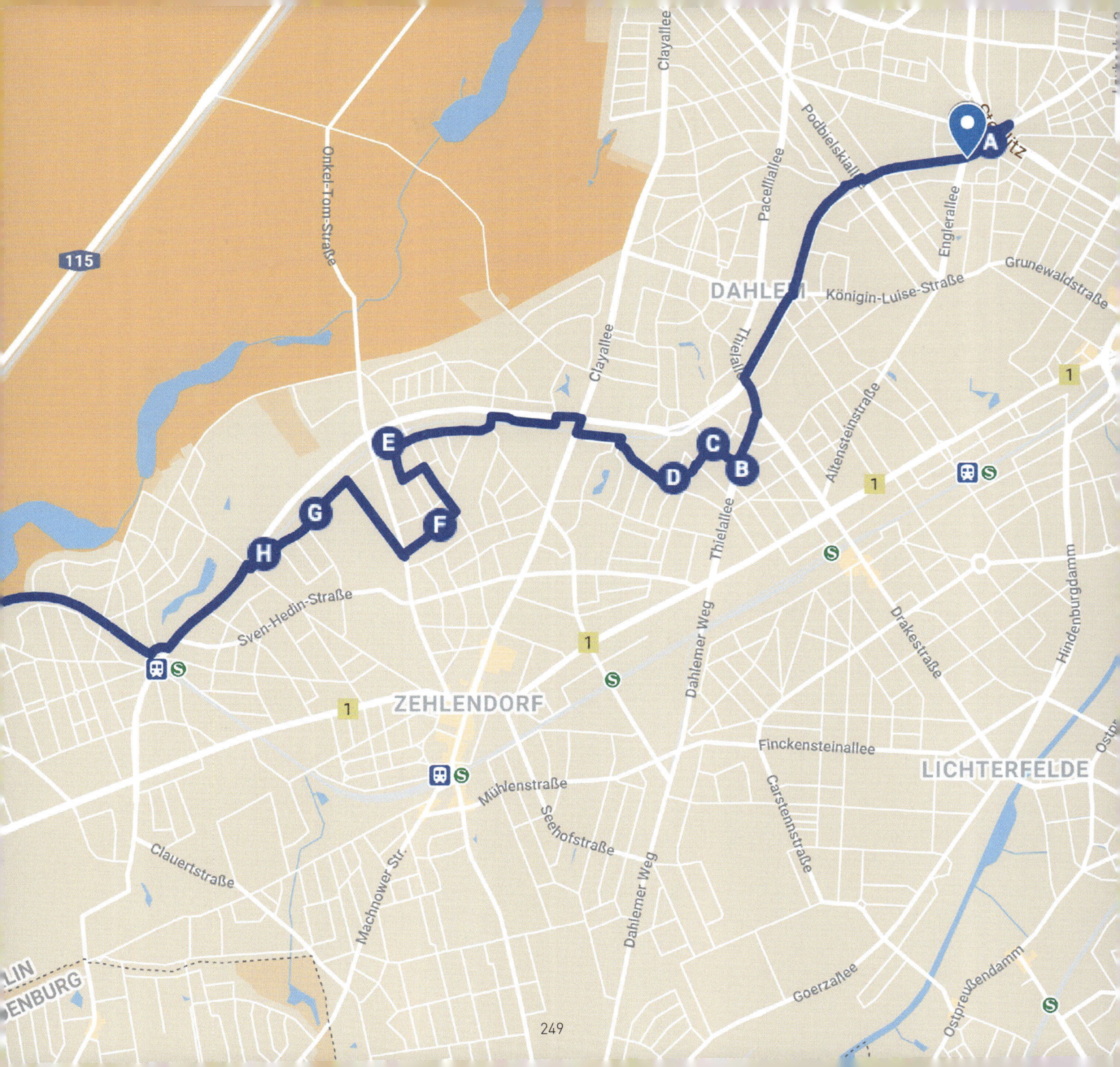

DAHLEM
ZEHLENDORF
LICHTERFELDE
Clayallee
Onkel-Tom-Straße
Podbielskiallee
Pacelliallee
Englerallee
Königin-Luise-Straße
Grunewaldstraße
Thielallee
Altensteinstraße
Sven-Hedin-Straße
Dahlemer Weg
Drakestraße
Hindenburgdamm
Finckensteinallee
Carstennstraße
Mühlenstraße
Seehofstraße
Machnower Str.
Clauertstraße
Goerzallee
Ostpreußendamm
115
1
A
B
C
D
E
F
G
H

Route 2: Von der Oberbaumbrücke durch die Wuhlheide nach Köpenick

Anreise: mit der U1 bis Warschauer Straße
Abreise: mit der S-Bahn ab Köpenick
Länge: 22,7 km

Die zweite Tour führt uns durch das „szenige" Friedrichshain-Kreuzberg, vorbei an zahlreichen Monumenten der Industriekultur und über die boomende Halbinsel Stralau. Teilweise geht es die Spree entlang, aber auch viel Grün wartet auf uns im Waldgebiet Wuhlheide. Die Köpenicker Altstadt als Ziel bietet dann fast mittelalterlichen Charme.
Wir starten unsere Tour am Eierspeicher, der 1929 als Teil des Osthafens eröffnet wurde. Über die Oberbaumbrücke fahren wir von Friedrichshain in Richtung Kreuzberg und biegen links in die Schlesische Straße ein bis zur Aral-Tankstelle kurz vor dem Flutgraben. Hier steht die älteste Tankstelle Berlins in strahlendem Weiß. Nachdem wir die Brücke über den Flutgraben überquert haben, geht es die Puschkinallee runter bis zur Eichenstraße, in die wir links einbiegen, vorbei an dem Veranstaltungsgelände der „Arena". Die Halle wurde 1927 als Betriebshof der Allgemeinen Berliner Omnibus AG errichtet und war damals eine der größten freitragenden Hallen Europas. Anschließend fahren wir die Martin-Hoffmann-Straße bis zum S-Bahnhof Treptower Park. Wir unterqueren schiebend den Bahnhof und überqueren die Spree dann via Elsenbrücke auf die Halbinsel Alt-Stralau, auf der sich noch zahlreiche Industriedenkmäler finden lassen. Die gleichnamige Straße fahren wir runter bis zur Thalia-Grundschule, die auf der linken Seite liegt. Die Turnhalle im Backsteinexpressionismus, damals noch mit Dachterrasse, ist ein Erweiterungsbau aus dem Jahr 1929.
Hinter der Schule folgen wir links dem kleinen Kiesweg, bis wir den Uferweg erreichen. Diesen radeln wir entlang, nutzen anschließend den Weg am Paul-und-Paula-Ufer. Vor dem ersten Häuserblock biegen wir links ein, überqueren die Hauptstraße und die Tram-Gleise, schieben unsere Fahrräder durch den S-Bahnhof Rummelsburg und erreichen die Nöldnerstraße. Diese radeln wir bis zum Nöldnerplatz runter und sehen bereits rechts die Max-Taut-Schule, einen der größten Schulbauten Deutschlands.

Über die Schlichtallee und die Emma-Ihrer-Straße geht es zur Promenade am Rummelsburger See, der wir bis zur „Hafenküche" folgen. An dem Restaurant bietet sich eine Pause an, bei gutem Wetter auf der Terrasse. Vorbei an den Resten eines Verwaltungs- und Restaurationsgebäudes der 1927 eröffneten Flussbadeanstalt geht es zur Köpenicker Chaussee. Die Straße führt uns an dem Heizkraftwerk Klingenberg, einem der großen Industriebauten der Weimarer Republik, vorbei bis zum Hagemeisterweg. Hier biegen wir links ein bis zur Treskowallee, die wir kreuzen, um dann dem ausgeschilderten Radweg bis zur Parkbühne Wuhlheide und weiter in Richtung Altstadt Köpenick zu folgen, vorbei am Stadion an der Alten Försterei, wo Union Berlin spielt, bis zur Bahnhofstraße. Dort biegen wir links ab und radeln, bis rechts die Seelenbinderstraße abgeht, der wir bis zur Hausnummer 91 folgen. Hier befindet sich die ehemalige Polizeidienstschule aus dem Jahr 1931. Nach dem Zweiten Weltkrieg nutzte der russische Geheimdienst NKWD das Gebäude als Gefängnis. Von dort geht es zurück bis zur Bahnhofstraße und dann zum S-Bahnhof Köpenick. Wenn es die Zeit erlaubt: Ein kurzes Schlendern durch die Altstadt von Köpenick lohnt sich auf jeden Fall. Bis hierhin haben wir rund 20 Kilometer zurückgelegt.

Noch ein kleiner Abstecher gefällig? Dann auf zum Alexander-von-Humboldt-Gymnasium in Spindlersfeld, dem zweiten Schulbau von Max Taut auf unserer Route. Dazu folgen wir der Bahnhofstraße in Richtung Altstadt, nehmen die Lindenstraße über die Müggelspree und folgen der Straße Alt-Köpenick bis zum Schloss. Auf der Langen Brücke fahren wir über die Dahme und radeln bis zu unserem Ziel in der Oberspreestraße 173–181. Die Schule wartet noch auf die Wiederherstellung der alten Keramikfassade. Wir folgen weiter der Oberspreestraße und erreichen das Ziel, den S-Bahnhof Spindlersfeld.

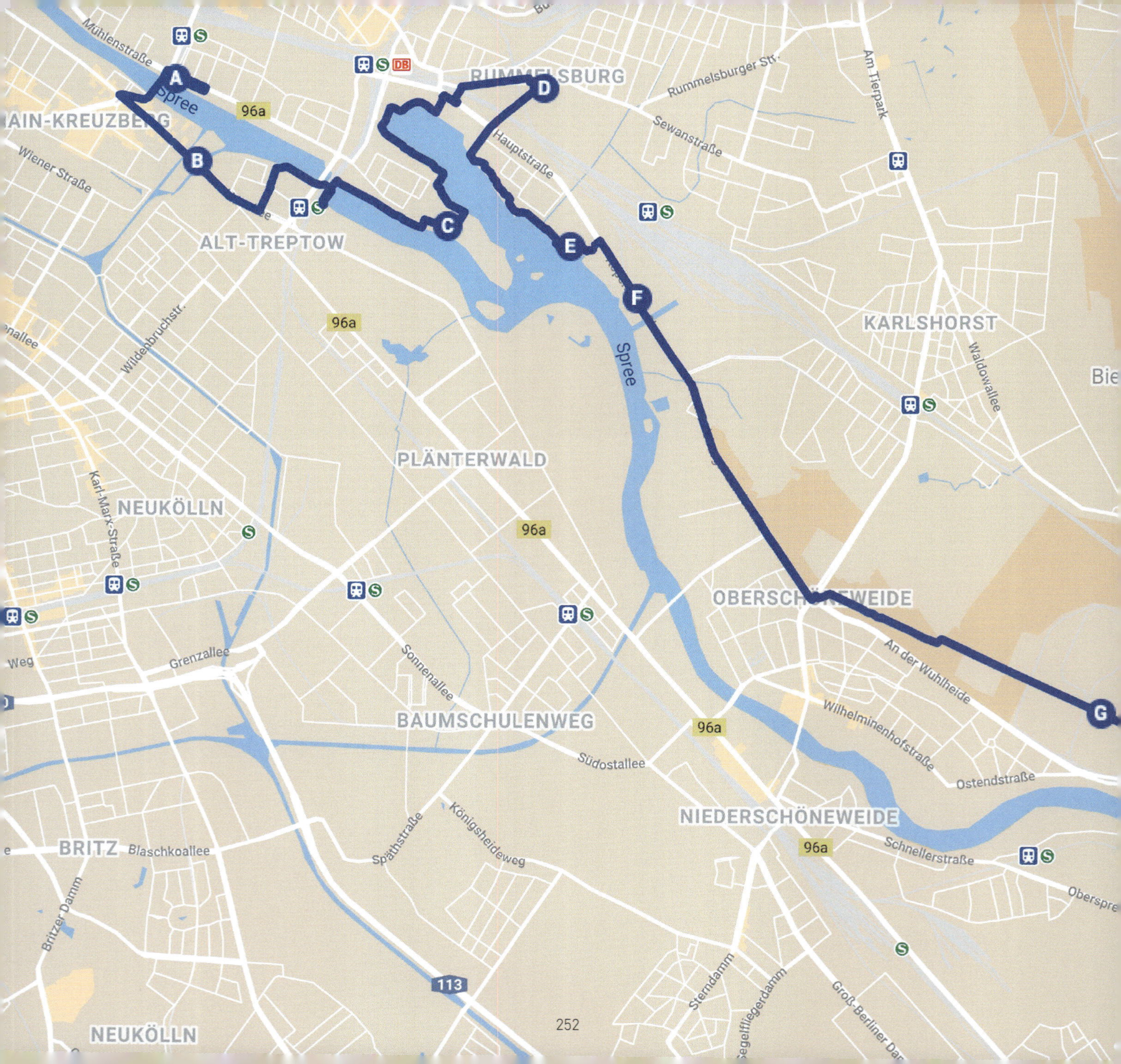
A
B
C
D
E
F
G
Mühlenstraße
Spree
96a
Wiener Straße
ALT-TREPTOW
Rummelsburger Str.
Sewanstraße
Hauptstraße
Am Tierpark
KARLSHORST
Waldowallee
Wildenbruchstr.
PLÄNTERWALD
NEUKÖLLN
Karl-Marx-Straße
96a
OBERSCHÖNEWEIDE
An der Wuhlheide
Grenzallee
Sonnenallee
BAUMSCHULENWEG
Wilhelminenhofstraße
Südostallee
Ostendstraße
NIEDERSCHÖNEWEIDE
96a
Schnellerstraße
BRITZ
Blaschkoallee
Spätstraße
Königsheideweg
Britzer Damm
113
Sterndamm
Großberliner Damm
NEUKÖLLN

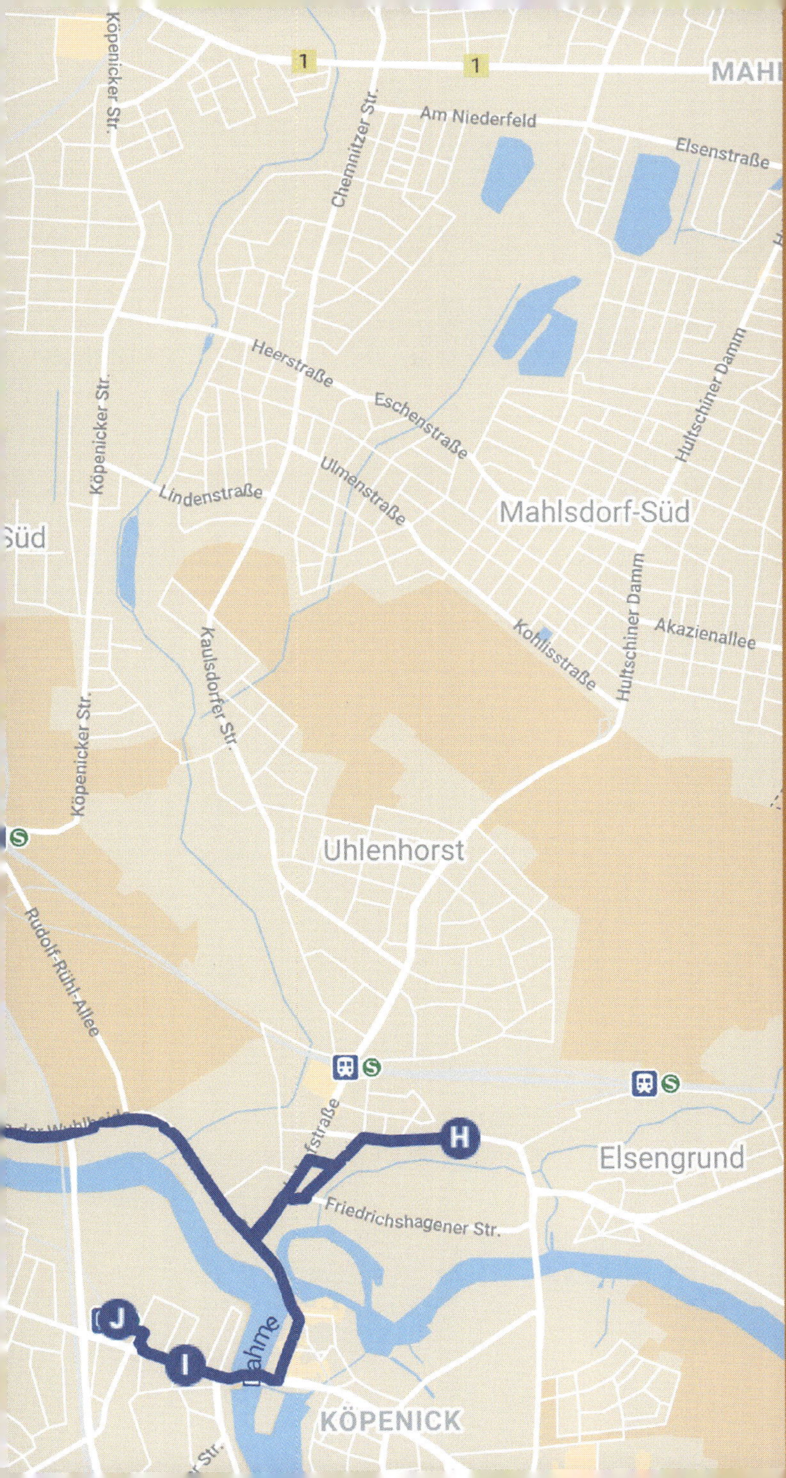

Route vom Eierkühlhaus nach Berlin-Spindlersfeld

- A Eierkühlhaus
- B Tankstelle
- C Thalia-Grundschule
- D Max-Taut-Schule
- E Hafenküche
- F Heizkraftwerk Klingenberg
- G Parkbühne Wuhlheide
- H Polizeidienstschule
- I Alexander-von-Humboldt-Gymnasium
- J S-Bahnhof Spindlersfeld

Route 3: Vom Lietzensee westwärts

Anreise: mit der U2 bis Sophie-Charlotte-Platz
Abreise: mit der S-Bahn ab Heerstraße
Länge: ca. 15 km

Unsere dritte Radtour führt zu Verwaltungsgebäuden, privaten Villen, vorbei an wichtigen Stätten des Rundfunks, einem Postgebäude und endet an einem Künstleratelier, von Charlottenburg bis Westend, den Grunewald streifend und das Olympiagelände en passant mitnehmend. Wir starten unsere Tour am U-Bahnhof Sophie-Charlotte-Platz und fahren etwa hundert Meter stadtauswärts. Dann queren wir die Straße und radeln über den Witzlebenplatz zum Lietzensee, den wir an der nordwestlichen Seite entlangfahren, bis zu unserer Linken das kleine Parkwächterhaus erscheint. Der Park ist im Rahmen von Arbeitsbeschaffungsmaßnahmen nach 1918 entstanden.

Eine kleine Unterführung unter der Neuen Kantstraße bringt uns zur anderen Seehälfte. Dort verlassen wir die Grünfläche an der Herbartstraße, wo das große expressionistische Gebäude der ehemaligen Oberpostdirektion auf uns wartet. Wir fahren einmal südlich um das Gebäude herum und kommen dann über die Dernburgstraße zurück zur Neuen Kantstraße. Vorbei am ICC geht es auf die Masurenallee. Falls es die Zeit erlaubt, empfehlen wir eine Fahrt hinauf auf die Panoramaplattform des 1926 eröffneten Funkturms auf der linken Seite. Von oben hat man den besten Blick auf die schiffsähnliche Form des Hauses des Rundfunks von Hans Poelzig. Ansonsten lohnt sich auch ein Blick von unten.

Wir folgen weiter der Masurenallee und machen eine Runde um den Theodor-Heuss-Platz, um dann bei dem Kabarett-Theater der „Wühlmäuse" in die Pommernallee einzubiegen. An der südwestlichen Ecke des Karolingerplatzes (Nummer 5a) hat der Architekt Erich Mendelsohn eine Doppelvilla gebaut. Hier hat bis zu seiner Emigration der Komponist Werner Richard Heymann gewohnt. Ihm zu Ehren singen wir kurz „Irgendwo auf der Welt gibt's ein kleines bisschen Glück", fahren dann über die Frankenallee zurück Richtung Theodor-Heuss-Platz und biegen links in die Heerstraße ab. Direkt hinter der S-Bahnstation Heerstraße radeln wir links in die Teufelsseestraße, um dann rechts in die Tannenbergallee einzubiegen. Viele der Häuser und Villen hier sind in den 1920ern erbaut worden. Eines davon steht heute nicht mehr: Es ist das Haus, in dem bis 1936 der Architekt Hans Poelzig wohnte. Wir biegen rechts in die Johannisburger Allee, dann gleich

wieder links in die Lyckallee, die in die Kranzallee mündet. Hier lohnt ein Blick auf das beeindruckende Landhaus eines Fabrikanten in der Nummer 23.
Über einen Waldweg geht es weiter durch die nördlichen Ausläufer des Grunewalds. Ein kleiner Abstecher nach rechts bringt uns zu dem britischen Militärfriedhof, der an Soldaten erinnert, die vorwiegend beim Luftkampf um Berlin gefallen sind. Gegenüber befindet sich der jüdische Friedhof, der die Ursprünge der jüdischen Geschichte Berlins – mit alten Grabsteinen aus dem 17. Jahrhundert – mit der Gegenwart vereint.
Am Ende unserer kurzen Waldstrecke landen wir an der Straße Am Rupenhorn. Als Traumlandschaft bezeichneten die Architekten der Weimarer Republik die Lage oberhalb des Stößensees. Hier wohnte auch Star-Architekt Erich Mendelsohn, dessen Haus Nummer 6 man von der Straße aus leider nicht gut erkennen kann – im Gegensatz zum Landhaus Nummer 25 an der Ecke Heerstraße, gebaut von den Brüdern Luckhardt und Alfons Anker. Nun wird es sportlich: es geht nicht nur bergauf, sondern die Glockenturmstraße führt uns auch auf das Olympiagelände. Am Glockenturm biegen wir in die Friedrich-Friesen-Allee, die uns vorbei an den aktuellen Sportstätten bis zum Sportmuseum führt. Dort biegen wir rechts ab und folgen der Hanns-Braun-Straße, dann geht es rechts weiter in die Rominter Allee. Links unten erscheint die U-Bahnstation Olympia-Stadion von Alfred Grenander. Hinter dem Imbiss „Olympische Brücke" führt rechts ein kleiner Weg am Friedhof Heerstraße vorbei. Am Ende des Weges lohnt es sich, das Fahrrad abzustellen und den 1924 angelegten interkonfessionellen Friedhof zu besichtigen. Zahlreiche Gräber von Künstlern und Intellektuellen, die zur kulturellen Blüte der Weimarer Republik beigetragen haben, finden sich hier, zum Beispiel von George Grosz, Tilla Durieux, Maximilian Harden, der Familie Cassirer sowie von Benjamine und Georg Kolbe. Das Atelier des Bildhauers liegt nur einige Meter weiter entfernt in der Sensburger Allee, in die wir von der Insterburgallee rechts einbiegen. Hier, am Georg Kolbe Museum, ist auch das Ende der Tour. Das Café „Benjamine" lädt nach der Sanierung Ende 2020 zur verdienten Erholungspause ein. Der S-Bahnhof Heerstraße befindet sich, weiter der Sensburger Allee folgend, nur 200 Meter entfernt.

Route vom Lietzensee zum Georg Kolbe Museum

- **A** U-Bahnhof Sophie-Charlotte-Platz
- **B** Parkwächterhaus
- **C** Oberpostdirektion
- **D** Karolingerplatz
- **E** Villa Poelzig
- **F** Britischer Soldatenfriedhof
- **G** Haus am Rupenhorn
- **H** Sportmuseum Berlin
- **I** U-Bahnhof Olympia-Stadion
- **J** Georg Kolbe Museum

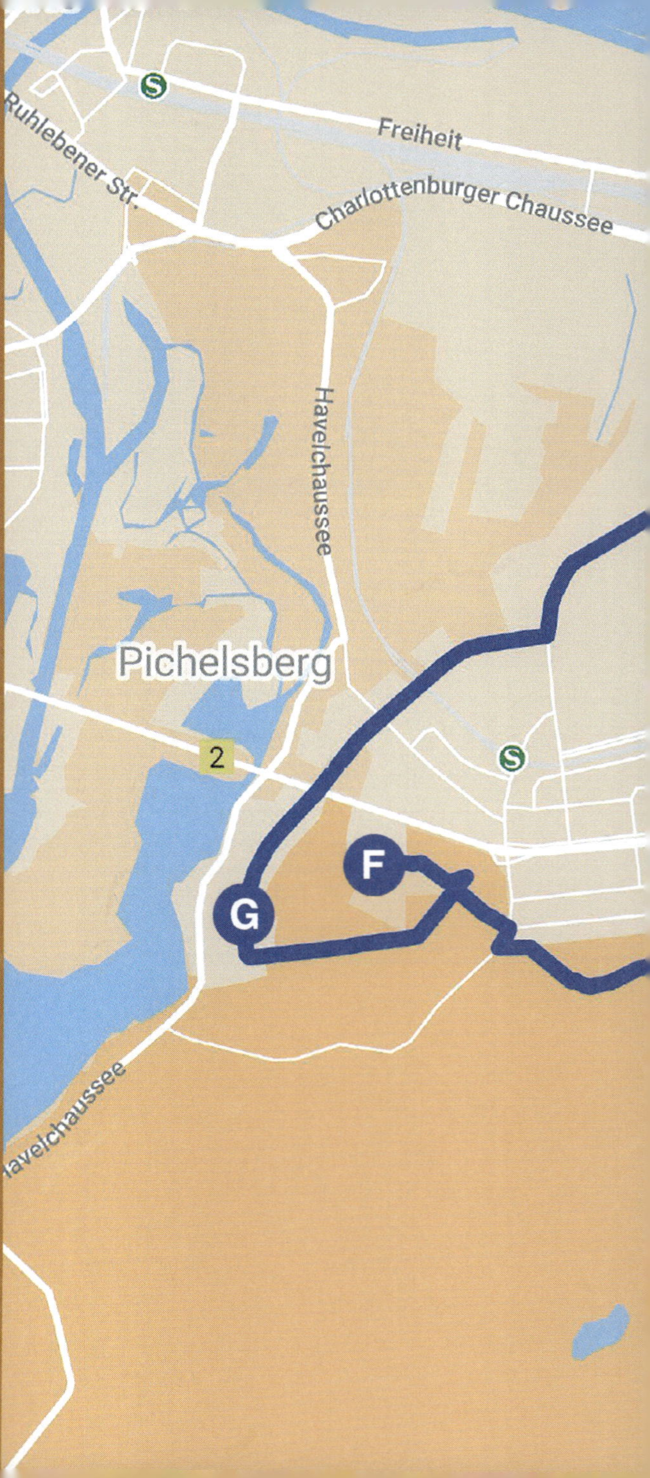

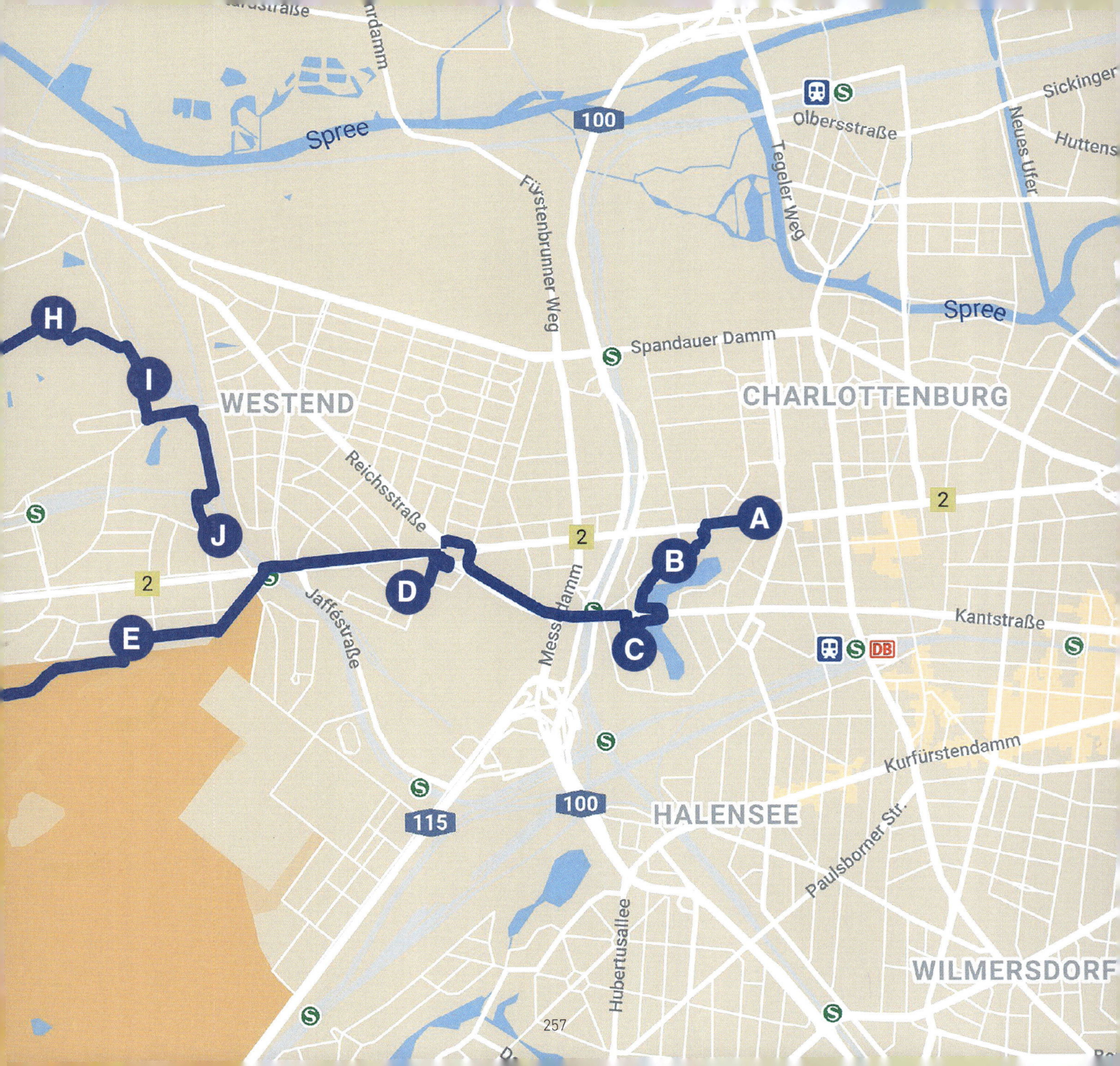

Spree
100
Olbersstraße
Sickinger
Huttens
Neues Ufer
Tegeler Weg
Fürstenbrunner Weg
Spree
Spandauer Damm
H
I
WESTEND
CHARLOTTENBURG
Reichsstraße
J
A
B
2
2
2
D
E
Jaffèstraße
Messedamm
C
Kantstraße
DB
Kurfürstendamm
115
100
HALENSEE
Paulsborner Str.
Hubertusallee
WILMERSDORF

Route 4: Durch den Norden vom Wedding nach Weißensee

Anreise: U-Bahnhof Leopoldplatz
Abreise: S-Bahnhof Greifswalder Straße
Länge: ca. 20 km

Unsere vierte Tour führt durch den ehemals roten Arbeiterbezirk Wedding zu den Siedlungen der Moderne in Pankow und endet in Weißensee am Haus Lemke von Mies van der Rohe. Start ist am Rathaus Wedding – von außen eher unscheinbar, aber innen sehr farbenfroh. Zunächst geht es die Müllerstraße hinunter bis zum Leopoldplatz, dann links in die Schulstraße und rechts in die Ruheplatzstraße, bis wir links in die Gerichtstraße abbiegen. Vorbei am ehemaligen Krematorium, heute das Kulturquartier „Silent Green", und der Postfiliale im Backsteinexpressionismus mit stilisiertem Reichsadler an der Fassade geht es bis zum Nettelbeckplatz und weiter, bis wir links direkt auf die Panke treffen.

Wir fahren den kleinen Fluss entlang bis zur Wiesenstraße und stoßen dort auf einen Findling, der an den Blutmai von 1929 erinnert. Wir wechseln auf das östliche Panke-Ufer bis zur Badstraße. Links sind die Uferstudios zu sehen. Die Berliner Verkehrsbetriebe nutzten das Gelände erst für Pferde, dann für Straßenbahnen und schließlich für Busse. Wir überqueren die Badstraße und fahren in den kleinen Park auf der gegenüberliegenden Straßenseite, der bald nach rechts zur Panke abknickt, der wir bis zur Osloer Straße folgen. Rechts zweigt nach 150 Metern die Prinzenallee ab, wo die ehemalige Brauerei Groterjan unser nächstes Ziel ist. Weiter geht es gegenüber durch die Bellermann- bis zur Zingster Straße und zur Gartenstadt Atlantic, einem der wichtigsten Beispiele des „Reform-Wohnungsbaus" in Berlin. Auf der Behmstraße geht es über die gleichnamige Brücke, von der wir einen schönen Blick auf zwei Orte haben, die für den Kalten Krieg und den Mauerfall stehen: die Bornholmer und die Swinemünder Brücke.

Der Behmstraße, später Schivelbeiner Straße, folgen wir und biegen rechts ab in die Schönfließer Straße bis zur Dänenstraße, wo wir rechts nach wenigen Metern die Kirche St. Augustinus finden – wenn die Türen offen sind, erwartet uns einer der schönsten Kircheninnenräume Berlins. Wer die S-Bahn über die Fußgängerbrücke quert, kann noch einen Blick auf das ehemalige Umspannwerk Humboldt werfen, das wie eine Trutzburg aus dem Mittelalter wirkt.

Zurück geht's rechts auf der Schivelbeiner Straße und der Wichertstraße bis zum Humannplatz. Hier stehen Wohnsied-

lungen aus den späten 1920er Jahren. Wir biegen links in die Stahlheimer Straße ein und dann rechts in die Erich-Weinert-Straße. Über die Gudvanger und die Wisbyer Straße radeln wir bis zur Prenzlauer Allee, die wir überqueren, um dann links auf der Prenzlauer Promenade bis zum Caligariplatz zu kommen. Hier wird an die große Zeit des Stadtteils erinnert: an die Stummfilmzeit, in der Weißensee auch „Klein-Hollywood" genannt wurde. An der Gustav-Adolf-Straße steht immer noch das ehemalige Stummfilmkino „Delphi", Drehort von ‚Babylon Berlin'. Wer Zeit und Lust für einen kleinen Abstecher hat: Weiter im Norden befindet sich an der Ecke Talstraße/Thulestraße ein 1926 errichteter Wohnblock, bei dem der Architekt Erwin Anton Gutkind geschickt verschiedene Stilrichtungen der Zeit miteinander kombiniert hat.

Ansonsten führt uns die Prenzlauer Promenade zurück zur Erich-Weinert-Straße und damit zur Wohnstadt Carl Legien, Teil des UNESCO-Weltkulturerbes. Unser Weg geht links durch die Hosemannstraße, dann rechts in die Lehderstraße und wieder links in die Behaimstraße bis zum Mirbachplatz mit der Turmruine der Bethanienkirche. Der Pistoriusstraße rechts folgen wir bis zum Kreuzpfuhl, dann entlang der Woelckpromenade zum Holländer-Quartier auf der linken Seite, das an die Architektur des Barock erinnert und aus der Zeit der Weimarer Republik stammt. An der Amalienstraße biegen wir rechts Richtung Weißer See ab, den wir südlich oder nördlich umrunden. Wir kreuzen die Berliner Allee und schieben die Räder ein kleines Stück auf dem Bürgersteig der Indira-Gandhi-Straße bis zur Gartenstraße, in die wir links einbiegen und die uns über die Buschallee und die Falkenberger Straße zur Trierer Straße bringt. Hier hat Bruno Taut eine knallbunte Häuserzeile hinterlassen. Anschließend geht es zurück zur Buschallee, wo Taut im Auftrag der GEHAG Wohnzeilen rund einen Kilometer entlang der Straße erbauen ließ. Wir radeln in Richtung Osten, nehmen den Abzweig rechts in die Augustastraße und dann links in die Oberseestraße bis zum Haus Lemke, Mies van der Rohes letztem Bau vor seiner Emigration nach Amerika. Hier endet unsere Tour.
Wer über den S-Bahnhof Greifswalder Straße die Rückreise antreten möchte, kann eine schöne Strecke vorbei am Orankesee durchs Musikerviertel mit einem Abstecher zum Jüdischen Friedhof nehmen.

Route vom Rathaus Wedding zum Mies van der Rohe Haus

- Ⓐ Rathaus Wedding
- Ⓑ Postamt
- Ⓒ Uferstudios
- Ⓓ Brauerei Groterjan
- Ⓔ Gartenstadt Atlantic
- Ⓕ Humannplatz
- Ⓖ Ehemaliges Stummfilmkino „Delphi“
- Ⓗ Wohnstadt Carl Legien
- Ⓘ Holländer-Quartier
- Ⓙ Mies van der Rohe Haus

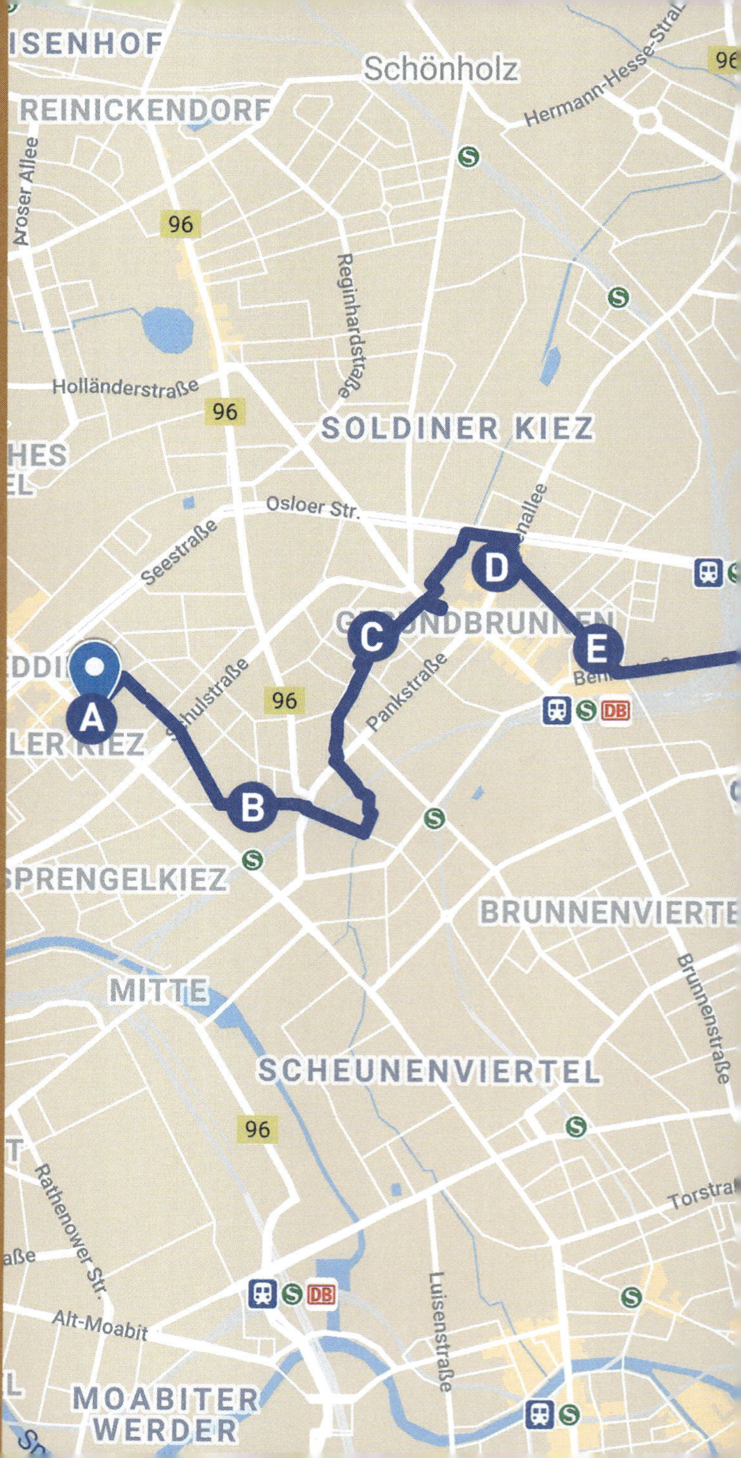

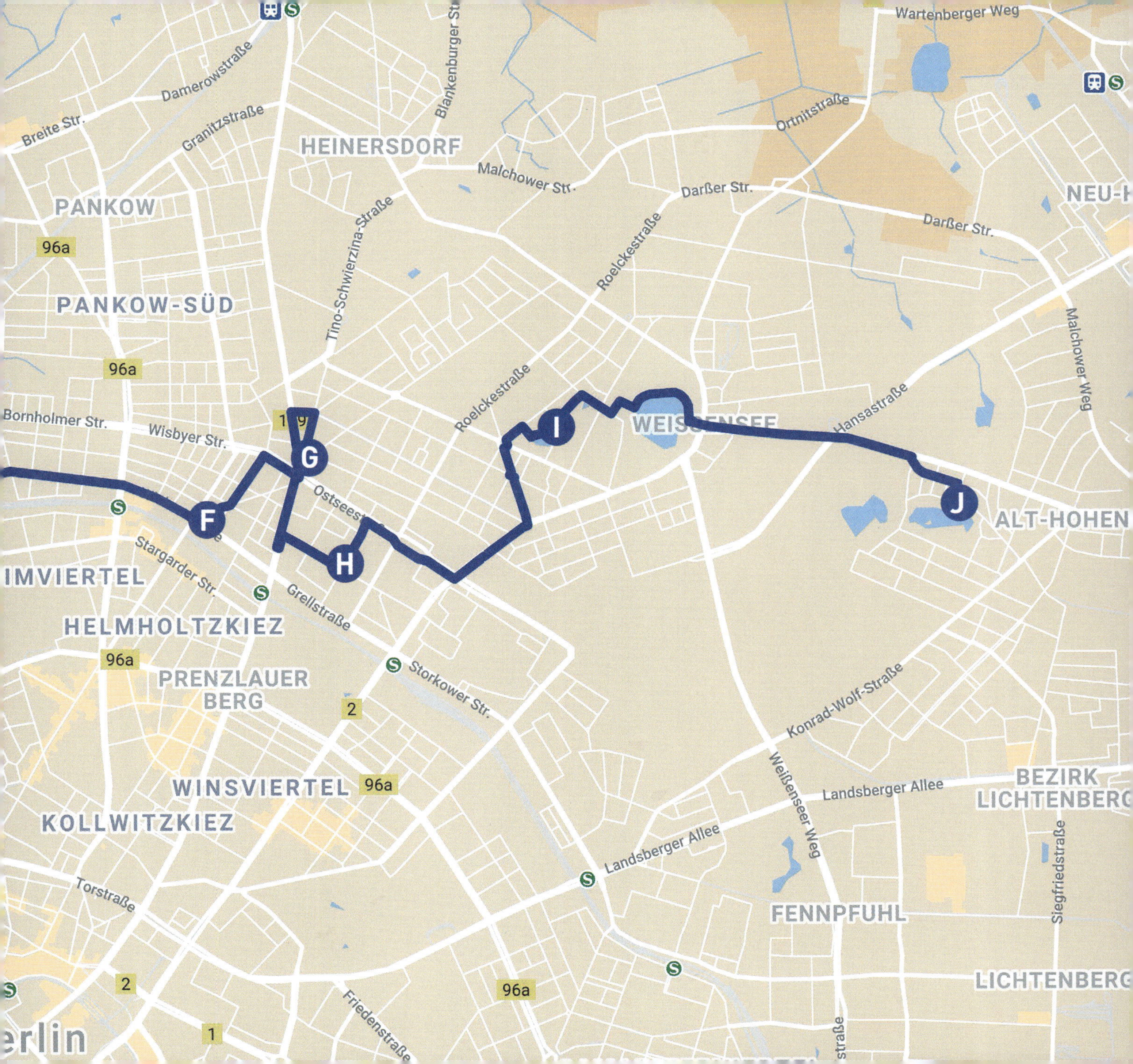

Wartenberger Weg
Damerowstraße
Breite Str.
Granitzstraße
Blankenburger Str.
HEINERSDORF
Malchower Str.
Ortnitstraße
Darßer Str.
Darßer Str.
NEU-H
PANKOW
96a
PANKOW-SÜD
Tino-Schwierzina-Straße
Roelckestraße
Roelckestraße
Malchower Weg
Bornholmer Str.
Wisbyer Str.
F
G
H
I
J
Hansastraße
ALT-HOHEN
IMVIERTEL
Stargarder Str.
Grellstraße
HELMHOLTZKIEZ
PRENZLAUER BERG
Storkower Str.
2
WINSVIERTEL
KOLLWITZKIEZ
Konrad-Wolf-Straße
Weißenseer Weg
BEZIRK LICHTENBERG
Landsberger Allee
Landsberger Allee
Torstraße
FENNPFUHL
Siegfriedstraße
LICHTENBERG
Friedenstraße
1
erlin

Der Autor

Arne Krasting, 1975 in Hamburg geboren. Nach Stationen in Freiburg und Paris ist er im Jahr 2000 in Berlin angekommen, um sein Studium in den Fächern Geschichte und Französisch zu beenden. 2001 gründet er mit Marcel Piethe die Agentur Zeitreisen, deren Schwerpunkte Geschichtstourismus und History Marketing sind. Immer auf der Suche nach neuen Wegen der Geschichtsvermittlung hat er mit dem videoSightseeing ein neues Format auf dem Markt platziert. In letzter Zeit entwickelt er zusammen mit visitBerlin Perspektiven für nachhaltigen Tourismus in Berlin. Neben der Organisation und der Durchführung von Touren ist er als Blogger, Kurator von Filmreihen und Ausstellungen sowie als Moderator aktiv. Seine Leidenschaft sind beruflich wie privat die zwanziger Jahre. Zeitreisen ist Partner der TV-Serie ‚Babylon Berlin', bei der Arne auch mitgewirkt hat. Seit kurzem betreibt er mit „Goldstaub" einen eigenen Podcast. 2022 erscheint sein zweites Buch: „Justizgeflüster. Berliner Gerichte und Gefängnisse".

Geschichte erleben, Geschichte(n) erzählen!

Die Geschichten zur Geschichte der 1920er Jahre sind seit vielen Jahren wichtiger Bestandteil für die Gestaltung von Veranstaltungsprogrammen in unserer Agentur: Stadtrundgänge und Rundfahrten – und vor allem die videoBustour mit historischen Film- und Tondokumenten –, aber auch glamouröse Abendveranstaltungen gehören zum Portfolio. Zeitreisen arbeitet für die Programmgestaltung mit verschiedenen Partnern in Berlin zusammen: Wir kennen die passenden historischen Locations, auch profilierte Tänzer und Musiker, wir gehen in Archive für die Recherchen und können so wohlgerüstet auf Zeitreise in die Welt der zwanziger Jahre des vorigen Jahrhunderts gehen – nicht nur in Berlin, auch in Hamburg, München, Wien und in anderen Städten.

Anlässlich der Berliner Foodweek nehmen wir unsere Gäste auch kulinarisch mit in die 1920er Jahre. Im Bereich des History Marketings stellen wir hier wie bei anderen Themen auch Unternehmen unsere Expertise als Historiker zur Verfügung – mit Ausstellungen, Publikationen oder Filmen.

Ein wichtiger Teil bei unserer Arbeit am Thema 1920er Jahre ist mittlerweile die Partnerschaft mit der Serie 'Babylon Berlin' geworden. Exklusiv können wir die „Tour zu der Serie" anbieten. Zahlreiche nationale und internationale Medien haben darüber bereits berichtet. Gemeinsame Veranstaltungen mit der Produktionsfirma X Filme Creative Pool sowie das Mitwirken an der Staffel 3 haben uns besondere Einblicke in diese bemerkenswerte Produktion ermöglicht.

Seit Herbst 2020 teilen wir unser Wissen und unsere Leidenschaft für die schillernde Zeit der Weimarer Republik in einem Podcast einer breiteren Öffentlichkeit mit. Zusammen mit der Gründerin der Bohème Sauvage, Else Edelstahl, nehmen wir unsere Zuhörer in dem Podcast „Goldstaub" mit auf eine Reise in die Welt der zwanziger Jahre.

www.zeit-reisen.de
www.gold-staub.de
www.babylon-berlin.tours & www.zwanziger-jahre-berlin.de

Zeitreisen – Veranstaltungs- und Projektmanagement
Rudi-Dutschke-Straße 26 | 10969 Berlin
Tel.: +49-30/44024450 | Fax: +49-30/44024448
E-Mail: team@zeit-reisen.de

Glossar

AEG

1883 in Berlin als Deutsche Edison-Gesellschaft für angewandte Elektricität gegründet, 1888 in Allgemeine Elektricitäts-Gesellschaft umbenannt, war die AEG einer der größten Elektrokonzerne weltweit. Neben der elektrischen Energietechnik stellte die AEG Geräte für den Haushaltsbedarf und die Elektrogebäudeheizung her, aber auch Straßenbahnen, Elektro- und Dampflokomotiven. 1982 musste der Konzern Insolvenz anmelden. Die Industriearchitektur der AEG hat deutliche Spuren im Berliner Stadtbild hinterlassen.

Art déco

Ein aus dem Jugendstil hervorgegangene Strömung und ein wichtiger Stil im Berlin der 1920er Jahre war das Art déco. Klare geometrische Formen der architektonischen Moderne treffen auf Gepränge und Dekoration – ein Gegentrend zum Schnörkellosen des Bauhaus-Stils. In der Architektur ist das Art déco, auch als „Zick-Zack-Moderne" bezeichnet, nicht immer klar vom Expressionismus zu trennen. Das Szenenbild der Serie ‚Babylon Berlin' orientiert sich stark am Art-déco-Stil der 1920er Jahre und sorgt damit für ein filmisches Revival dieser Architekturströmung.

Backsteinexpressionismus

Eine Sonderform der expressionistischen Architektur, bei der Ziegel und Klinkersteine (Klinkerexpressionismus) genutzt wurden, um mit Mustern „lebendige" Fassaden zu erzeugen, ist der Backsteinexpressionismus.

Bauhaus

1919 von Walter Gropius in Weimar als Design- und Kunstschule gegründet, war das Staatliche Bauhaus eine moderne Bildungseinrichtung, in der Künstler, Handwerker und Auftraggeber eng zusammenarbeiteten, um einen neuen Gestaltungsansatz in allen Bereichen der Architektur, der Kunst, im Produkt- und Möbeldesign durchzusetzen. Ziel war es, eine handwerklich ausgereifte Formensprache zu entwickeln, die einer industriellen Herstellung gerecht wird. Die Arbeiten der Bauhaus-Künstler wurden zusammenfassend zum Stilbegriff und werden Bauhaus genannt.

B.Z.

1877 als ‚Berliner Zeitung' gegründet und 1878 von Ullstein erworben, wurde die Zeitung in ‚B.Z. am Mittag' umbenannt. Die ‚B.Z.' war die erste deutsche Boulevardzeitung.

Expressionistische Architektur

Ein praktisch nur in Deutschland vom Ende des Ersten Weltkrieges bis zum Beginn der 1930er Jahre auftretender Baustil. In einer fast zehn Jahre währenden, intensiven Phase bauten Architekten wie Hans Poelzig, Hans Scharoun oder Erich Mendelsohn avantgardistische Gebäude, die starke Bezüge zur Formensprache der Bildhauerei herstellten. Neben denen im Buch genannten Gebäuden gehört z. B. auch der Einsteinturm bei Potsdam zur Expressionistische Architektur. Eine Sonderform ist der Backsteinexpressionismus in den norddeutschen Großstädten, vor allem in Hamburg und Hannover.

GAGFAH

Die Gemeinnützige Aktien-Gesellschaft für Angestellten-Heimstätten (GAGFAH) wurde 1918 in Berlin gegründet, um Angestellten in der rasant wachsenden Stadt günstigen Wohnraum zu ermöglichen. Die Nachfolgegesellschaft verlegte ihren Firmensitz im Jahr 2006 nach Luxemburg und gehörte in Deutschland zu den größten Vermietern privaten Wohnraums. 2014 wurde die GAGFAH von der Deutschen Annington aufgekauft.

GASAG

1825 wurde das Unternehmen als Gaserleuchtungs-Anstalt gegründet. Ab 1923 firmierte es als Städtische Gaswerke AG, für die die Abkürzung GASAG geläufig wurde. Der Aufstieg zum Großkonzern ist eng mit der 1920 erfolgten Gründung von Groß-Berlin verbunden.

GEHAG

1924 als Gemeinnützige Heimstätten-, Spar- und Bau-Aktiengesellschaft gegründet, ermöglichte die GEHAG die Gestaltung der architektonisch und stadtpolitisch richtungsweisenden Neubauten vieler Wohnsiedlungen in Berlin.

Groß-Berlin

Durch das vom damaligen Oberbürgermeister Adolf Wermuth erlassene Groß-Berlin-Gesetz entstand 1920 die drittbevölkerungsreichste Stadt der Welt – nach London und New York. In die Stadtgemeinde Berlin wurden sechs kreisfreie Städte, drei umliegende Kreise sowie 59 Landgemeinden und 27 Gutsbezirke des Umlandes eingemeindet. Die dabei entstandene Metropole erfuhr einen immensen Innovationsschub in Hinblick auf die Stadtentwicklung, den Wohnungsbau und die Infrastruktur.

Heimatschutzstil

Eine auf lokale und regionale Bautraditionen Bezug nehmende Architektur, die u. a. ortsübliche, regional vorkommende Baustoffe verwendete. Gleichzeitig grenzte sich diese bauliche Gestaltungsform gegenüber dem Historismus bewusst ab und verstand sich als eine moderne Architektur. Der Spagat zwischen Modernisierung und Traditionsbezug fand dann vor allem im Nationalsozialismus Anklang.

Historismus

Ab Mitte des 19. Jahrhunderts bis Anfang des 20. Jahrhunderts war der Historismus eine Kunstströmung, die vor allem in Malerei und Architektur thematisch und stilistisch auf vorangegangene Epochen zurückgriff. Berühmte Beispiele in Berlin sind der Berliner Dom oder das Reichstagsgebäude.

Jugendstil (oder Art nouveau)

Die Abkehr vom Historismus ist der Jugendstil. Der Jugendstil führte am Ende des 19. und zu Beginn des 20. Jahrhunderts die Architektur in die Moderne. Der architektonische Bau wurde als Gesamtkunstwerk betrachtet: Außenfassade, Inneneinrichtung und Innenausstattung sollten aus einem „Guss" sein.

KaDeWe

Das „Kaufhaus des Westens" wurde 1907 in Berlin erbaut und war der Ausganspunkt für die Entwicklung der Tauentzienstraße zur Geschäftsstraße. Nach dem Zweiten Weltkrieg wurde das KaDeWe ein Symbol für das Wirtschaftswunder des europäischen Westens und der Bundesrepublik. Über die Grenzen der ehemaligen „Frontstadt des Kalten Krieges" Berlin hinaus ist das KaDeWe bis heute eines der legendärsten Warenhäuser der Welt.

Mazdaznan-Sekte
Eine am Ende des 19. Jahrhunderts in den USA gegründete Religionsgemeinschaft mit christlichen, hinduistischen und zarathustrischen Elementen. Außerdem gehörten Vegetarismus, Meditationsübungen und Bezüge zur Theosophie zu den Charakteristika der Sekte. Ab den 1910er Jahren entwickelte sich auch in Deutschland eine Anhängerschaft. Trotz ideologischer Nähe zum Nationalsozialismus wurde die Bewegung 1935 in Deutschland verboten.

Neue Sachlichkeit
Zweckbetontes Bauen, für das vor allem das Bauhaus berühmt wurde, wird architektur- und kunsthistorisch als Neue Sachlichkeit bezeichnet. Als Stilform grenzt sich die Neue Sachlichkeit vom Expressionismus ab und ist ein Teil des Neuen Bauens.

Neues Bauen
Als eine Bewegung in der Architektur, aber auch in der Stadtplanung, die auf die Veränderungen im Zuge der Industrialisierung reagierte, wurde das Neue Bauen zum Pionier bestimmter Ausführungsformen: städtische Wohnsiedlungen für die Arbeiter, Nutzung von neuen Baumaterialien, schlanke, ökonomische Bauweise etc.

Opakglas
Ein undurchsichtiges oder gar lichtundurchlässiges Glas wird als Opakglas bezeichnet. Es wurde erstmalig auf der Weltausstellung 1889 in Paris vorgestellt.

Rundfunksender Witzleben
Der Fernsehsender „Paul Nipkow" (Deutscher Fernseh-Rundfunk) war weltweit der erste reguläre Fernsehsender. Am 8. März 1929 strahlte er als Sender Witzleben vom Berliner Funkturm die ersten Fernsehbilder aus.

Swing
Swing ist ein populärer, tanzbarer Jazzstill aus den USA, der in den 1930er Jahren auch in Westeuropa bekannt wurde. Berlin befand sich in einem regelrechten „Swing-Fieber" und war damals wie heute eine „tanzende Weltstadt".

Vossische Zeitung
Die im 19. Jahrhundert und bis in die 1920er Jahre vielleicht bedeutendste Berliner Zeitung, die weit über die Stadtgrenzen hinaus wirkte. 1934 musste die „Tante Voß", wie sie im Volksmund genannt wurde, als liberales, bürgerliches Publikationsorgan aufgrund der Drangsalierungen durch die Nationalsozialisten das Erscheinen einstellen.

Deutscher Werkbund
1907 in München als Vereinigung von bedeutenden Künstlern, Architekten, Kunsthandwerkern, Industriellen, Kaufleuten und Schriftstellern gegründet, verfolgte der Werkbund das Ziel einer „Veredelung der gewerblichen Arbeit im Zusammenwirken von Kunst, Industrie und Handwerk" (Auszug aus der Satzung). In den 1920er Jahren übte das Bauhaus einen starken Einfluss auf den Werkbund aus.

Wilhelminismus

Die Epoche der 30-jährige Regierungszeit Kaiser Wilhelms II. (1888-1918) wird in der Geschichtsschreibung auch als Wilhelminismus bezeichnet. Der Wilhelminismus war geprägt durch eine nahezu uneingeschränkte politischen Machtausübung des Kaisers und begann 1890 mit der Entlassung des Reichskanzlers Otto von Bismarck. Die drei Jahrzehnte der Regentschaft Wilhelms II. waren gekennzeichnet durch einen rasanten wirtschaftlichen und gesellschaftlichen Wandel, durch eine kulturelle und wissenschaftliche Blüte und ebenso durch starke soziale Verwerfungen in der deutschen Gesellschaft.

Zeilenbau

Unter Zeilenbau oder Zeilenbauweise versteht man die bauliche Anordnung von langen, schmalen Wohngebäuden quer zu einer Verkehrsstraße. Sie ist vor allem eine Antwort auf die für Berlin so typische Bebauung in Blöcken. In Berlin in größerem Stil zuerst in der Siemensstadt verwirklicht, bekam der kostengünstige Zeilenbau eine größere Bedeutung beim Wiederaufbau nach dem Zweiten Weltkrieg.

Mein Dank geht ...

... an meinen Zeitreisen-Partner Marcel Piethe, der die Idee hatte, aus dem Blog ein Buch zu machen, und mich auf dem Weg maßgeblich unterstützt hat; an den Produktionsleiter im Verlag Manuel Lindinger, für seine Akribie und seinen Blick aufs Wesentliche, aber vor allem für seine Geduld; an unseren Zeitreisen-Beirat Joseph Hoppe, für unerschöpflichen inhaltlichen Input und seine Einleitung; an Uli Hanisch, der mir faszinierende Einblicke in die Welt von ‚Babylon Berlin' ermöglichte; an Christian Tänzler für seine Begleitung auf meinen Touren, seinen Beitrag im Buch und seine ansteckende Begeisterung; an Julia für die Kamera und die Fotos; an meinen Bruder fürs Korrekturlesen; an Ornella für das Ertragen meiner besonderen Leidenschaft für die 1920er Jahre und fürs An-meiner-Seite-Stehen. Und vor allem und sowieso danke ich meinen Eltern, für all ihre Liebe zu mir in meinen nun zurückliegenden 45 Lebensjahren – ihnen ist das Buch gewidmet.

Der Verlag bedankt sich bei ...

... Sebastian Bauersfeld, Peggy Prien, Konrad H. Roenne, Thies Schröder und der Verlagskooperation lesen lokal.

Bildnachweis

Cover: **Arne Krasting**; hinten: **Arne Krasting; Frédéric Batier/X Filme** S. 118-120, S. 122-126, S. 128, S. 131, S. 133; **Bildarchiv Foto Marburg** S. 33, S. 87; **Bundesarchiv** S. 27, S. 38, S. 47, S. 50, S. 92 (l.), S. 161; **Matteo Carassale** S. 36, S. 37; **Deutsche Bauzeitung** S. 40 (r.u.); **FORTEPAN / Lőrincze Judit** S. 62; **David J. Hotz** S. 13; **Arne Krasting** S. 16, S. 19-21, S. 25, S. 26, S. 25-26, S. 28-32, S. 34, S. 35, S. 39, S. 40 (o.), S. 41-46, S. 48, 49, S. 51-60, 61 (o.), S. 63-65, S. 68-78, S. 79 (u.), S. 80-86, 87 (l.u.), S. 88-91, 92 (r.), S. 93-101, 102 (r.o.), 103, S. 105-115, S. 134-160, S. 162, S. 163, S. 166-168, S. 172-203, S. 206-210, 211 (u.), S. 212-219, S. 221-226, S. 227-239, S. 244-247, S. 250, S. 251; S. 254, S. 255; **Landesarchiv Baden-Württemberg/ Staatsarchiv Freiburg – Sammlung Willy Pragher** S. 211 (o.l.); **Julia Linhart** S. 169-171; S. 240, 241; **Amélie Losier** S. 258 **SIGNA** S. 61 (r.m.); **Stiftung Stadtmuseum Berlin** S. 6; **Wasmuths Monatshefte für Baukunst und Städtebau** S. 102; **Wikimedia Commons** S. 181

GOLDSTAUB
DER ZWANZIGER JAHRE PODCAST
GLANZ, GOLD, STAUB UND DRECK.
DEKADENZ, ARMUT, ASPHALT UND LICHT.
ELSE EDELSTAHL UND ARNE KRASTING NEHMEN EUCH
MIT AUF EINE ZEITREISE IN DIE WEIMARER REPUBLIK.
WWW.GOLD-STAUB.DE

Bibliografische Information der Deutschen Nationalbibliothek
Die Deutsche Nationalbibliothek verzeichnet diese Publikation
in der Deutschen Nationalbibliografie; detaillierte bibliografische
Daten sind im Internet über http://dnb.d-nb.de abrufbar.

Rahnsdorfer Straße 26, 12587 Berlin
www.ammian-verlag.de
Arne Krasting:
Fassadengeflüster.
Berliner Bauten der Weimarer Republik – Zeitreisen mit Arne Krasting

3. Auflage 2022
Gedruckt in der EU
Redaktion: Marcel Piethe, Ammian Verlag
Lektorat: Konrad H. Roenne, Head of Text • Berlin
Korrektorat: Peggy Prien • Berlin
Projektleitung & Herstellung: Manuel Lindinger • Berlin
Satz- und Umschlaggestaltung: Bauersfeld Grafikdesign • Potsdam

ISBN: 978-3-948052-00-3